조용하지만
강한 사람들

감정 소모, 자기 비난,
피로감 없는 인간관계를 위하여

조용하지만
강한 사람들

성유미 지음

🌲큰숲

나의 성향 테스트

1. 주말이 다가오면 가장 먼저 생각나는 것은?

Ⓐ 주말 동안 혼자만의 시간을 보내며 쉬고 싶다.

Ⓑ 친구나 가족과 함께할 계획을 세우고 싶다.

2. 파티에 초대받았다면 당신의 반응은?

Ⓐ 소규모 모임이거나 아는 사람만 있다면 가 볼까 고민한다.

Ⓑ 재미있을 것 같아서 일단 간다.

3. 새로운 취미를 시작할 때 가장 끌리는 선택지는?

Ⓐ 혼자서 할 수 있는 조용한 취미(독서, 요가 등)

Ⓑ 다른 사람과 함께 즐길 수 있는 취미(댄스 클래스, 스포츠 등)

4. 단체 카톡방에 메시지가 여러 개 쌓여 있다면?

Ⓐ 읽고 싶은 부분만 읽고 조용히 있는다.

Ⓑ 다 읽고 바로바로 답장한다.

5. 갑자기 휴가가 생겼다면 하고 싶은 것은?

Ⓐ 집에서 밀린 일을 정리하고 편안하게 쉰다.

Ⓓ 친구들에게 연락해서 즉흥적으로 여행 계획을 세운다.

6. 사람들이 많이 모인 자리에서 당신이 편하게 느끼는 상황은?

Ⓐ 한쪽에서 조용히 눈치 보며 분위기를 즐기는 것

Ⓑ 중심에서 대화를 주도하거나 적극적으로 참여하는 것

7. 새로운 친구를 사귈 때 당신의 스타일은?

Ⓐ 서서히 친해지면서 신중하게 상대를 알아 간다.

Ⓑ 다양한 이야기를 나누며 빨리 친해지고 쉽게 적응한다.

8. 평소 친구들에게 연락하는 빈도는?

Ⓐ 특별한 일이 있거나 할 말이 있을 때만 연락한다.

Ⓑ 자주 안부를 묻고 일상을 공유하며 꾸준히 연락한다.

9. 동네에 새로운 카페가 생겼다면 당신의 반응은?

Ⓐ 조용한 시간을 위해 혼자 방문해 본다.

Ⓑ 친구들이랑 가서 신상 카페 인증 숏을 남긴다.

10. 긴 하루가 끝난 후, 당신이 가장 바라는 것은?

Ⓐ 혼자만의 휴식을 취하며 재충전하기

Ⓑ 친구나 가족과 오늘 하루를 나누며 수다 떨기

1년, 365일, 매일의 에너지와 감정은 내향성과 외향성의 비율이 어떤가에 따라 춤추듯 바뀐다. 어떤 날은 조용히 혼자만의 시간을 즐기고, 또 어떤 날은 사람들과의 교류에서 활력을 느낀다. 감정의 기복, 변덕스러움으로 치부되기도 하는 이 '춤추는 성향'을 이해하면 어떤 틀에 자신을 가두지 않아도 분명 자유로움을 느낄 수 있을 것이다.

앞의 테스트 결과를 바탕으로 A와 B의 비율을 계산해 보자. A가 많다면 조용히 내면에 집중하는 시간을 주로 원한다는 뜻이고, B가 많다면 사람들과 활발히 교류하면서 에너지를 얻는 편이라 할 수 있다.

이 비율을 바탕으로 성향 지도를 만들고 매일의 변화를 이해하는 한편, 1년 동안 자신에게 맞는 균형이 무엇인지 살펴보고 자신의 성장을 이끌어 보자. 성향 캘린더를 그려 보아도 좋다. 매달 A와 B의 비율이 각각 얼마나 차지하는지 살펴보는 것도 좋은 방법이다. 이 시도를 통해 한 해의 전반적인 리듬과 감정의 흐름을 파악할 수 있고, 다음 해에는 어떻게 살아가고 싶은지에 대한 자신의 기대를 자연스럽게 확인할 수 있다.

앞의 테스트는 단순히 숫자를 계산해 내 성향 비율을 알아내는 데 그치지 않고, 내 삶의 리듬을 알아 가는 시작점이라 할 수 있다. 주로 발현되는 성향은 상황에 따라, 날마다 달라질 수 있다. 그러므로 억지로 하나의 상태로 고정하기보다, 내가 어떤 면을 어느 정도 발휘했을 때 편안한지 그 적절한 균형을 찾아보자. 이 과정을 통해 자신에게 맞는 내향과 외향 비율을 발견하고 스스로 만족할 수 있는 균형 잡힌 삶을 찾아갈 수 있다.

나의 성향 테스트　**4**

（Prologue）　내향인의 삶을 이해하는 여정이 왜 중요한가　**10**

내향인 올바로 이해하기
──────────────────────── Chapter 1

어느 날 진료실에 I형이 찾아왔다　**22**

나의 에너지는 어디로 흐를까　**30**

타고난 속성은 정말 변하지 않을까　**50**

에너지를 충전하는 방식의 차이　**63**

내향인과 외향인의 뇌　**77**

（Test）　에너지 방향 테스트　**96**

타인과의 관계가 지옥이 되는 이유
──────────────────────── Chapter 2

인간관계가 자꾸 수렁에 빠진다면　**100**

내향인이 만나기 쉬운 세 가지 위험 요소　**115**

모든 것이 나 때문은 아니다: 자기 참조의 함정　**120**

자기만의 생각에 몰두하지 않기: 미루기의 늪　**129**

신중함과 꼼꼼함 뒤의 그림자: 완벽주의의 덫　**137**

내향인의 대표적인 열 가지 유형　**145**

（Test）　생각 습관 테스트　**155**

◆◆◆ **CONTENTS**

조용하지만 강한 힘

Chapter 3

내향인의 강점을 더욱 빛나게 만드는 방법　**160**

조용한 에너지를 끌어내는 3단계　**173**

당신을 움직이는 동력은 당신 안에 있다　**190**

사고력을 실행력으로 바꾸는 방법　**198**

타인과 유연하게 어우러지기　**206**

(Test) 슈퍼 마인드 테스트　**216**

진짜 내 모습으로 편안하게 살아가기

Chapter 4

내향인답게 살기 위한 기초　**222**

부정적인 고리를 끊는 일곱 가지 패턴　**228**

감정을 관리하고 가꾸는 방법　**243**

내면의 균형과 조화 이루기　**255**

(Test) 필수 감정 키워드 체크리스트　**271**
(Test) 감정의 성장을 위한 13가지 질문　**272**

(Appendix) 더 알아 두면 좋은 내향인 관련 용어　**274**

Prologue

내향인의 삶을 이해하는 여정이 왜 중요한가

"제가 이런 상태인 줄 몰랐어요." 클리닉으로 나를 찾아온 사람들에게 가장 자주 듣는 말이다. 사람들은 자신의 불편함과 불안을 어렴풋이 느끼지만, 그 감정이 정확히 무엇이고 어디에서 비롯되었는지 깨닫지 못한 채 살아간다. 자신의 문제를 '뚜렷하게' 느낄 때조차 그것이 어디에서 시작되었는지, 근본적인 뿌리를 찾아내기가 혼자서는 어렵다.

어떤 이는 사람들과의 대화를 끝낸 후 늘 극도의 피로감을 느끼고, 또 다른 이는 사소한 비판에도 쉽게 위축된다. 밤이 깊도록 낮에 들은 말을 곱씹느라 잠을 설친다고 털어놓는 사람도 있다. 이런 불편함을 느끼면서도, 그저 자신이 낯을 가리거나 소심한 성격이어서 그런 것이라며 넘기는 경우가 많다. 성격만 바꾸면 이런 문제들이 해결될 것이라 믿기도 한다. 그런데 정말 그럴까? 그러면 성격을 바꾸는 일은 가능한가? 또, 불편함의 원인을 온전히 자신에게서만 찾는 것이 옳은가?

클리닉에서 마주하는 이들의 이야기는 제각기 다르다. 그들이 안고 있는 배경과 원인은 사람 수만큼이나 다양하다. 수많은 이들을 상담하면서 공통적으로 알게 된 사실이 있다. 이들이 겪는 불편한 감정의 원인이 단순한 피로나 스트레스가 아니라, 억압된 욕망과 그로 인해 꼬여 버린 감정의 덩어리들이라는 것이다. 그리고 이로 인한 내면의 갈등과 외부 세계에 대한 부담이 어떻게 서로 얽히고설켜 심리적인 문제를 유발하는지 점차 파악하게 되었다. 외부 세계와 관계를 맺을 때 에너지를 지나치게 소모하다 보면 불편감이 심화하게 마련이다.

그동안 만난 환자 가운데 상당수는 스스로를 내향적 성향(내성적이라고 표현하는 경우가 많다)이라고 묘사하며, "왜 저는 에너지가 금방 소진될까요?", "사람들과 관계를 맺을 때 왜 이렇게 피곤할까요?" 등의 다양한 고민을 털어놓았다. 이런 질문은 내향적 성향의 사람들이 가장 많이 토로하는 고민이기도 하다. 내향인은 외부 자극에 더 민감하고, 사회적 요구에 적응하는 과정에서 더 많은 심리적 에너지를 소모하기 때문이다.

"외향인은 세상을 다스리고, 내향인은 새로운 세계를 창조한다"는 말이 있다. 세상을 살아가다 보면 외향인이 '주류'를 이루고 모든 것을 좌지우지하는 모습은 그리 낯설지 않다. 일단 어느 모임을 가든 우리는 '제일 처음 말을 거는 사람'에게 주의를 기울인다. 내향인은 모임의 리더가 아닌 이상 주로 '듣는 사람'의 위치에서 상대에게 반응한다. 예나 지금이나 내향인은 외향적인 사회 분위기에 치여 제 목소리를 내기 힘들고 자신을 표현하기 어려워하는 존재로 여겨진다. 이런 인식은 사회 전반에 마치 상식처럼 퍼져 있지만, 정말 그럴까?

미국의 작가 수전 케인Susan Cain은 《콰이어트》(2012)에서 성공한 내향인의 사례와 내향성의 진짜 강점을 설득력 있게 전달하면서 사회적인 통념을 제대로 깨부쉈다.

그녀의 책에는 내향성을 바탕으로 자신의 분야에서 독보적인 길을 걸었던 수많은 예들이 나온다. 혼자 있는 시간이 에너지의 원천이라고 했던 알베르트 아인슈타인Albert Einstein, 조용하지만 강력한 리더십으로 비폭력 운동을 이끈 마하트마 간디Mahatma Gandhi, 침묵 속에서 행동으로 세상을 바꾼 인종차별 반대 운동가 로자 파크스Rosa Parks, 혼자 일할 때 최고의 결과를 낸다는 애플 공동 창업자 스티브 워즈니악Steve Wozniak, 조용한 환경에서 상상력을 키우며 또 다른 세계를 창조한《해리 포터》시리즈의 J. K. 롤링Joan K. Rowling, 그리고 깊이 있는 분석과 자기 성찰로 최고의 투자 결정을 내리는 워런 버핏Warren Buffett까지.

케인의 말처럼 이제 내향성이 '외향인보다 부족한 상태' 혹은 '사회성의 결여'를 의미하던 시대는 지났다. 내향성은 약점이 아니라 자산이다. 깊이 있는 사고, 공감 능력, 조용하지만 확실하게 문제를 해결하는 힘은 내향인이 세상에 내놓는 독특한 가치다. 내향인들이 자주 느끼는 사회적 불편감이나 어려움도 약점이 아니라, 그들만의 고유한 능력으로 재해석해야 한다.

실제로 내향인의 불편감은 일반적인 심리적 문제와 달리 고유한 특징을 가지고 있다. 따라서 그들의 이야기를 단순히 사회적 불안이나 스트레스로만 치부하기에는 무언가 부족하다. 내향인의 심리적 과부하와 갈등은 그들만의 독특한 내면세계와 깊이 연결되어 있으며, 이를 제대로 이해하기 위해서는 내향성에 대한 심층 탐구와 뇌과학적 통찰이 필요하다.

앞서 말했듯이 내향인의 불편감은 외부 자극을 지나치게 받아들이는 민감성과 깊은 관련이 있다. 이때 도파민 보상회로 및 도파민 민감성, 자발적 전뇌 활동voluntary whole brain activity◆과 디폴트 모드 네트워크default mode network, DMN,◆◆ 인지적 미끄러짐 같은 뇌과학적 발견들이 내향인의 경험을 이해하는 데 중요한 단서를 제공한다.

이 책에서는 세 가지 심리학적 틀을 활용해 내향인의 경험을 풀어내고 있다. 다음의 세 가지 틀은 뇌과학적 통찰과 연결되어, 내향인의 불편함을 제대로 이해하고 강점으로 바꾸는 구체적인 방향성을 제시한다.

- ◆ 뇌의 모든 영역이 조화롭게 활동하면서 창의적 사고, 문제 해결, 깊은 성찰이 일어나는 상태.
- ◆◆ 외부의 특정 과제를 수행하지 않을 때, 휴식 상태에서 활성화되는 뇌 네트워크.

첫째, 지크문트 프로이트Sigmund Freud의 정신에너지론이다. 이 이론은 우리의 심리적 에너지가 유한하다는 점을 일깨운다. 내향인은 시끄러운 환경이나 과도한 사회적 상호작용에서 에너지를 쉽게 잃는다. 이 이론을 바탕으로, 에너지를 어떻게 배분하고 충전할지를 탐구한다.

둘째, 영국의 소아과 의사이자 정신분석학자인 도널드 위니콧 Donald Winnicott의 거짓 자기False Self 개념이다. 이는 타인의 기대에 맞춘 '가짜 나'와 진정한 욕구를 품은 '진짜 나'를 구분한다. 내향인은 외향적인 세상에서 억지로 사교적인 척하며 자신을 잃곤 한다. 이 개념을 통해 내향인이 진짜 자신을 지키는 법을 안내한다.

셋째, 종교철학자 마르틴 부버Martin Buber의 '나와 너' 관계 철학이다. 이것은 깊이 있는 관계를 통해 자신을 표현하고 연결할 수 있는 길을 제시한다. 내향인은 피상적인 만남보다 진정한 친밀함을 갈망한다. 이 틀은 갈망을 현실로 만드는 방법을 보여 준다.

이제 "내향적이라서…"라는 말을 내려놓고, 내향인으로서 나의 행동을 조금 더 가까이, 조금 더 깊이 들여다보고 스스로 설명하는 연습을 해 보고자 한다. 이 책의 궁극적인 목적은 '내향인의 자유'다. 내향성이 약점이나 한계가 아니라 나만의 강점과 가능성을 열어 주는 자산임을 깨닫고, 그것을 자유롭게 펼칠 줄 아는 여정이 되는 것이다.

 이 책은 네 개의 장으로 구성되어 있다. 먼저 1장에서는 내향인의 본질을 심층적으로 탐구한다. 기질, 성격, 행동 패턴, 뇌의 작동 방식 등 과학적 토대 위에서 외향인과의 차이를 살펴보며, 조용함 속에 어떻게 강한 힘이 흐를 수 있는지 프로이트의 에너지론을 중심으로 짚어 본다. 또한 위니콧의 거짓 자기 개념을 통해, 내향인만의 생존 방식과 이들이 사회인으로서 살아가는 데 꼭 필요한 '사회적 옷'에 대해 고민해 본다.

 2장에서는 내향인이 마주하는 어려움을 조명한다. 시끄러운 세상에서 에너지가 흩어지는 이유, 감정을 억누르고 일을 미루며 관계에서 갈등과 거리감을 느끼는 이유 등을 세 가지 위험 요소와 열 가지 유형을 통해 구체적으로 짚어 본다. 또한 인지적 미끄러짐 같은 뇌과학적 통찰을 통해 왜 내향인이 사소한 자극에도 쉽게 흔들리는지를 보여 준다.

 3장은 내향인의 잠재력을 드러낸다. 내향성은 제약이 아니라

'슈퍼 마인드'의 씨앗이다. 깊이 사고하고, 섬세하게 관찰하며, 내면의 가치를 지키는 힘은 말보다 강한 영향력을 낳는다. 완벽을 향한 헌신, 꺾이지 않는 중심, 조용한 연결의 힘. 이 모든 것이 내향인의 자산이다. 각종 사회적 관계에서 내향인만의 강점을 발휘한 사례를 통해, 내향성을 더욱 빛나게 하는 실질적인 방법을 살펴본다.

    4장은 진정한 회복과 조화의 길을 안내한다. 내향인은 고요함을 사랑하지만, 동시에 누구보다 진실한 관계를 갈망하는 친밀함의 추종자다. 이 장에서는 내향적인 삶의 핵심이라 할 수 있는 '깊이 있는 감정'에 대해 다룬다. 일곱 가지 감정 패턴을 이해하고 다스리는 법, 내면에 숨은 외향성을 당신답게 펼치는 길을 찾아 본다. 부버의 철학을 바탕으로 깊은 관계를 맺으며, 프로이트의 말대로 유한한 에너지를 조화롭게 쓰는 여정은 분명 조용한 삶에 생동감을 불어넣을 것이다.

    이 책은 단순한 성격 유형 분석 보고서가 아니다. 내향인으로 살아가며 겪는 수많은 감정의 결을 이해하고, 어떻게 심리적 에너지를 아껴 쓰고 회복할지 함께 고민하고자 썼다. 무엇보다 타인의 기대가 아닌 '진짜 나'의 기준으로 살아가고 싶은 사람들에게 작은 길잡이가 되기를 바란다. 내향인은 때때로 세상에 맞추기 위해 자신을 꽁꽁 감추고 마음에도 없는 씩씩함을 입는다. 하지만 그런 방식은 결국 내향인을 지치게 하고 자기 자신으로부터 자꾸만 멀어지게 할 뿐이다. 이 책은 그런 삶에서 한 걸음 물러나 자신만의 리듬을 찾고, 그 안에서 편안하고 자유로워지는 방법을 함께 찾고자 한다.

혹시 지금까지 타인의 기준에 맞추느라 스스로를 불도저처럼 몰아세운 적은 없는가? 다른 사람들과 자신을 비교하며 괜히 작아지고, 말할 타이밍을 놓치며, 감정을 마음속에만 간직하지는 않았는가? 자기 자신을 있는 그대로 인정하고 돌아볼 시간과 여유가 부족하지는 않았는가?

이제는 그런 질문에 조용히 귀를 기울이며 답을 찾아볼 때다. 내향성은 결코 단점이 아니다. 오히려 자기 안을 깊이 들여다보고, 오래 생각하고, 조용히 인내하고, 진심으로 관계를 맺는 데 필요한 섬세하고도 단단한 힘이다. 조금 과장하자면 내향인은 '깊이' 없이는 살아갈 수 없는 사람이다. 하지만 그 조용한 힘을 잘 모른 채 살아가면, 자신을 지키기보다는 자꾸 감추게 되고 결국 타인의 기대

속에 자신을 잃어버리기 쉽다.

이 책이 부디 내향적인 당신이 스스로를 이해하고 스스로에게 더 다정하게 대해 주는 계기가 되기를 바란다. 조용하지만 단단한 내면의 힘을 다시 느끼고, 세상과의 관계에서도 당신만의 방식으로 자연스럽게 또 진하게 어우러질 수 있기를 바란다. 그리고 이 책이 그 여정의 시작이 되기를 진심으로 소망한다.

'나는 누구이며, 어디로 흐르고 있으며,
누구를 통해 나를 느끼는가'라는 물음에 답하기 위해,
우리는 삶을 건너고 있다.

Chapter 1

내향인
올바로 이해하기

어느 날 진료실에
I형이 찾아왔다

Chapter 1 내향인 올바로 이해하기

Quiet People

"선생님, 제가 I형이라서요."

언제부터인가 사람들은 자신을 I형 혹은 E형이라는 알파벳으로 표현하기 시작했다. 클리닉에서 자기 자신을 설명하는 수많은 수식어를 들어 왔지만, 암호 아닌 암호로 자기 정체성을 드러내는 형태는 2020년 무렵인 이때가 처음이었다.

"네? I형이요? 무슨 말씀이신지…."

일상에서 MBTI 용어를 쓰게 될 줄은 미처 몰랐던 시절이었다. 이제는 I가 내향introvert, E가 외향extrovert을 뜻한다는 설명조차 필요 없을 만큼, I형과 E형은 대중적인 용어로 자리 잡았다. MBTI 열풍이 한번 불기 시작하더니 일시적 트렌드를 넘어 자신을 소개

하거나 타인을 묘사할 때 자연스럽게 활용되는 필수 언어로 뿌리내렸다. 한때 전문가들이 '과몰입 현상'을 우려하며 사람들이 MBTI에 미신처럼 빠져드는 것 아니냐는 의견을 내놓기도 했지만, 이제는 한 시대의 사람들이 필요로 하는 표현으로 받아들이는 편이 더 현명할 것 같다.

자신을 I형이라고 지칭하는 사람들을 곰곰이 뜯어 보면 공통점이 보인다. 그들은 외부의 자극에 늘 안테나를 세우고 있다. 거기에는 수많은 이유가 있지만 그중에서도 딱 하나의 '속성'을 근본적인 원인으로 꼬집어 말할 수 있다. "신경 쓰는 것이 너무 많다!" 주변 사람, 현재 상황, 나의 말과 행동을 끝없이 점검하고 생각이 꼬리에 꼬리를 문다. 그러다 보니 I형은 쉽게 지친다.

주변에 I형이 있다면 이들에게 매우 섬세하고 사려 깊은 측면이 있다는 데 대부분 동의하겠지만, 이들이 실제로 어떤 부분까지 신경 쓰고 있는지를 보게 된다면 깜짝 놀랄 것이다. 보통은 상상하기 힘든 미미한 지점, 미처 생각하지도 못한 깊은 영역까지 모두 사서 걱정하는 것이 I형이다. 그래서 '쓸데없는 고민'을 많이 한다는 소리를 많이 듣고, 그들 자신도 수긍한다.

I형이라는 말로 자신의 정체성을 표현하고 I형이라는 말로 상대방을 정의하는 요즘, 불쑥 이런 질문이 떠오른다.

"그래서 도대체 I형이 뭔데?"

예민하고, 신경 쓸 것이 너무 많아 쉽게 지치는 사람들. 이제부터 본격적으로 I형에 대한, 그리고 그들의 '신경'에 대한 탐구를 시작해 보자.

나는 어떤 속성을 타고났을까

이 세상에는 관심이 내 안을 향하는 사람들과 밖을 향하는 사람들이 한꺼번에 버무려져 살고 있다. 이 둘의 구분은 엄마 뱃속에서부터 시작되는 것 같다. 자궁 안에서 혼자 꼼지락꼼지락하며 있는 듯 없는 듯 조용한 아기도 있고, 엄마 배를 불쑥불쑥 쳐 대며 온몸으로 존재감을 알리는 아기도 있게 마련이다. 타고난 기질과 성향이 저마다 매우 다를 수 있음에 모두 동의하며 사는 것 같지만, 사실 '천성'은 현실에서 너무나 자주 무시되고 간과되는 것 중 하나다. 실제로 아이가 너무 조용해도, 너무 요란해도 부모는 어찌 할 바를 모르고 걱정부터 앞선다. '인간의 타고남'에 대해 우리가 충분히 알고 받아들이는 일은 생각보다 쉽지 않다.

부모가 자녀에게 대뜸 "쟤는 누구를 닮아 저래?", "어디서 저런 애가 태어났을까?" 등 선천성을 들먹이는 경우를 흔히 볼 수 있는데, 이는 천성을 존중해서가 아니라 그저 답답함을 토로하거나 분노 유발의 '탓'을 돌릴 곳을 찾는 차원에서 벌어지는 일일 뿐이다.

사람이 100명 있으면 100명이 모두 다르다. 수만 명, 수억 명이 있어도 마찬가지다. 한 부모 밑에서 태어난 형제자매들도 다 다르고 심지어 쌍둥이도 전혀 다른 존재다. 이 사실을 수많은 과학적 근거가 뒷받침하고 있다. 인간은 서로 닮을 수는 있지만 같을 수는 없다. 그런데 서로 다 다르다는 사실을 인정하면서도 한편으로는 끊임없이 사람들을 동질 그룹으로 묶으려고 시도해 왔다. 첫 만남에서부터 오랜 관계에 이르기까지, 사람들은 만나면 "너는 나랑 이런 게 참 비슷하구나", "어, 우리 알고 보니 같은 과네" 하며 수시로 '유유상종'을 확인하려 드는 것만 보아도 알 수 있다.

인간이 서로를 동질 그룹으로 묶으려는 시도 중 가장 역사가 깊고 유명한 성향 분류법이 바로 '내향/외향' 분류다.◆ 내향과 외향이라는 속성은 태곳적부터 존재했다고 보아야 한다. 내향인과 외향인은 비율의 차이는 있겠지만 어제도 오늘도 내일도 공존하며 살아간다.

인간의 타고난 속성을 딱 두 가지로 나누었기에 굉장히 단순해 보이지만, 현실에서 마주하는 인간 군상은 그리 단순하지만은 않다. 왜 그런 것일까? 바로 사람의 DNA에 이미 새겨진 내향과 외향의 성향이 있는 그대로, 어떤 변형이나 가공도 거치지 않은 채로 발현되는 것이 아니기 때문이다.

◆ 카를 융Carl Jung의 《심리유형론Psychological Types》(1921)은 요즘 '현대사회의 설격'을 형선한 MBTI 문화의 뿌리라 볼 수 있다.

최근의 정신분석학과 심리학 이론에서는 내향성과 외향성을 단순한 타고난 기질의 차이로만 보지 않는다. 초기 애착 경험, 양육자의 반응 방식, 그리고 아이가 자라면서 환경과 어떻게 상호작용했는지에 따라 내향성과 외향성은 서로 다른 방식으로 발달할 수 있다고 본다. 즉, 사람의 성향은 타고난 기질을 기반으로 하지만 그 자체로 고정된 것은 아니다. 그러한 기질이 초기 경험과 환경 자극에 따라 어떤 심리 구조로 형성되는지, 어떤 발달 과정을 거치는지에 대해서도 깊은 관심을 둔다.

예를 들어, 내향적인 성향은 원래 조심스럽고 민감한 기질을 가진 아동이 감정적으로 침해당하거나 지나치게 강한 자극에 반복적으로 노출될 때, 자신을 보호하려는 방식으로 더욱 강화될 수 있다. 자극을 외부로 표현하기보다 내부로 끌어들이며 '내면화'하는 방식으로 감정을 다루는 습관이 자리 잡게 된다. 이들은 점차 내면의 감각과 사고를 중심으로 에너지를 조절하고 균형을 유지하는 방향으로 발달한다. 이러한 조절 메커니즘의 발달이 깊이 있는 사고력, 섬세한 감정 인식, 공감 능력 등으로 이어질 수 있다.

반대로, 외향적인 성향은 비교적 안정적인 기질을 가진 아동이 일관된 애착 관계와 반복적인 긍정적 반응을 경험하면서 외부 자극에 대한 신뢰를 형성할 때 더욱 발달할 수 있다. 자신이 외부 대상을 향해 표현했을 때 얻게 되는 '보상에 대한 기대'가 경험적으로 쌓이기 때문이다. 이러한 경험은 외부 세계에서 오는 자극에 반응하며 에너지를 충전하고, 타인과의 상호작용을 통해 자신을 확장해 가는 방식으로 이어진다.

또한 현대 심리학에서는 내향성과 외향성을 에너지 조절 방식과 정서적 반응 양식의 차이로 설명하기도 한다. 내향인은 자극에 대한 회복 시간이 길고, 정보처리의 깊이를 중시하며, 자극의 양보다는 질을 중시한다. 반면 외향인은 자극에 대한 빠른 반응성과 짧은 회복 시간으로 인해, 외부 자극을 통해 활력을 재충전하는 데 더 익숙하다. 정서적 안정성을 유지하기 위해 외향인은 외부 세계와의 상호작용을 선호하고, 내향인은 자기 성찰과 내면적 균형에서 만족을 얻는다.

보다 깊은 심리학적 관점에서는 내향성을 '자기-경계 강화 self-boundary reinforcement'의 발달 경로로, 외향성을 '객체-관계 확장 object-relatedness expansion'의 흐름으로 이해한다. 즉, 내향성은 내면을 보호하고 정제하는 방향으로, 외향성은 외부와의 관계를 통해 자아를 확장하려는 방향으로 각각의 성향이 자리 잡는다.

사람은 혼자 자연인으로 존재할 수 없다. 기초적인 양육을 받아야 하고 문명사회에서 살아가는 한 여러 단계의 교육과 다각적인 문화적·사회적 영향을 겪어 내야만 한다. 세상에서 하나의 존재로 '살아남으려면' 말이다. 그래서 "성격은 후천적으로 결정된다"라는 말 또한 옳다.

나약한 외부의 자극과 사회적·문화적 규범 속에서 타고난 천성을 좋은 방향으로 적응시켜야 내가 나로서 온전히 살아갈 수 있다. 그러기 위해서는 나의 천성과 후천적으로 형성된 성격 모두를 잘 파악하는 것이 우선이다. 먼저 나 자신을 깊이 이해하는 과정을 통해서 타인을 이해하고, 외부 세계와 내가 잘 어우러져 살아가는 길을 찾을 수 있다.

바늘 가는 데 실 간다고, 내향형(I형)은 단독으로 보기보다는 외향형(E형)과의 대응 관계counter part로 짝을 지어 살펴보면 가장 이해하기 쉽다. 내향형은 외향형에 의해서, 또 외향형은 내향형에 의해서 각자의 속성과 의미를 더 명확하게 알 수 있다.

나의 에너지는
어디로 흐를까

Chapter 1 내향인 올바로 이해하기

Quiet People

항상 모임에서 밝게 웃고 재치 넘치는 입담으로 사람들을 즐겁게 하는 경수 씨에게는 남모르는 고민이 있다. 겉으로는 누구보다 사교적인 성격처럼 보이지만, 경수 씨는 원래 조용히 혼자 사색하고 책 읽는 것을 좋아하는 사람이다. 그러나 어릴 때부터 '인정에 대한 갈망'이 강했고 사람들, 특히 자신에게 중요하고 의미 있는 타인들의 반응에 관심이 많았다. 심지어 어떻게든 타인의 관심을 자신에게 '꽂아 두기' 위해 상황에 따라 자신을 조율하며 갖은 노력을 기울여 왔다. 그래서 경수 씨는 가까운 사람들의 감정 상태와 상황에 기민하게 반응하는 데 익숙하다.

"어떤 말을 해도 잘 받아 주고, 무리에 자연스럽게 속해 있는 사람." 사람들은 그를 그렇게 기억했고, 경수 씨 자신도 그 이미지에 충실하려 했다. 그렇게 형성된 태도는 10대를 거쳐 20대 중반에 이르기까지 '사회인 경수'로서의 정체성을 만들었고, 어느 순간 그의 성격을 대표하는 모습이 되어 버렸다.

회사와 친목 모임에서 만나는 사람들이 바라보는 지금의 경수 씨는 전형적인 '외향인'이다. 사람을 좋아하고, 말이 잘 통하고, 밝고 긍정적인 에너지를 뿜어내는 사람. 웬만한 친구들조차 경수 씨는 원래 그런 사람이라고 믿고 있다. 그렇지만 정작 경수 씨는 그렇지 못했다. 사람들과 어울리는 자리에서는 괜찮은 것처럼 보였지만, 모임을 마치고 집으로 돌아오는 길이면 어김없이 마음 한쪽이 쓸쓸해졌다. 어느 날 저녁, 현관문을 닫는 순간 자신도 모르게 흐르는 눈물을 마주하고 깜짝 놀랐다.

기억을 거슬러 곰곰이 생각해 보니, 사회적 장소를 벗어나 혼자인 상태로 돌아올 때면 어딘가 허전하고 쉽게 지치곤 했던 순간들이 분명히 있었다. 어쩌면 지금의 이 감정은 갑작스레 생겨난 심리적 이상 상태가 아니라, 오랫동안 눌러 왔던 본래의 감각이 다시 떠오른 것일지도 모른다. 경수 씨는 그제야 진짜 자신이 누구인지 스스로 물어보게 되었고, 그동안 자신이 스스로를 속여 왔다는 것을 깨달았다.

겉으로 보이는 경수 씨의 성격은 누구나 부러워할 만했지만, 그의 내면은 늘 소란스러웠다. 그 내면의 혼란은 어느덧 일상까지 영향을 미치기 시작했다. 왜 이런 일이 생겼을까? 그 원인은 바로 '진짜 나'와 '겉모습' 사이의 괴리였다. 이 간극을 줄이기 위해서는 먼저 자신의 에너지 흐름을 파악하는 것이 중요하다.

에너지는 멈추어 있는 것이 아니듯, 마음속 에너지도 늘 흐른다. 그 흐름이 자연스럽지 않을 때 사람은 불편함을 느낀다. 어느 방향으로, 어떤 방식으로 흘러가고 있는지를 제대로 인식하지 못할 때도 심리적 갈등이 생긴다. 하루를 살아가는 데 같은 시간을 쓰더라도, 어떤 활동은 나를 고요하게 회복시키고 또 어떤 상황은 이유 없이 나를 더 지치게 만든다. 그래서 자신 안에서 어디로, 어떻게 에너지가 흐르고 있는지를 아는 일은 중요하다. 그것은 내가 '어떻게 살아야 편한 사람인지', 무엇이 '나를 나답게 만들어 주는지' 알아차리는 과정이다.

에너지 흐름을 이해하는 가장 전통적인 방식은, 그 방향에 따라 내향과 외향으로 나누는 것이다. 한 사람의 정신과 마음의 에너지가 안쪽을 향하면 내향인, 바깥쪽을 향하면 외향인이라 부른다. 단지 성격을 설명하기 위한 분류가 아니라 내가 어디서 에너지를 회복하는 사람인지, 어떤 방식의 삶이 나에게 덜 지치고 더 살아나는 느낌을 주는지를 가늠하는 하나의 시선이다.

그리고 이때 가장 중요한 것은, 내향성과 외향성이 '이쪽 아니면 저쪽'이라는 식의 이분법적 선택이 아니라는 점이다. 사람은 누구나 내향성과 외향성의 요소를 모두 가지고 있다. 다만 어떤 방식이 더 편하고 익숙한지, 어느 쪽에서 조금 더 오래 머물 수 있을 것 같은지 등을 따져 볼 수 있다. 즉, 이것도 좋고 저것도 괜찮지만 결국 내가 언제 가장 나다워지는가를 고민해 보는 선호의 문제다.

사람들과 웃고 이야기하는 순간에 살아 있음을 느끼는 사람도 있고, 누구의 시선도 닿지 않는 조용한 시간 속에서 자신과 다시 연결되는 사람도 있다. 그 둘의 차이는 어느 쪽을 '더 좋아하는가(호불호, 선호도)'에 대한 감각에서 시작된다.

내향적인 사람은 혼자 있는 시간 속에서 회복된다. 외부의 자극으로부터 잠시 멀어지고, 자신만의 호흡과 리듬을 되찾는 시간 속에서 마음이 정돈되고 정신이 살아난다. 반면 외향적인 사람은 인간관계 속에서 에너지를 얻는다. 말하고, 움직이고, 경험하는 과정에서 기분이 전환되고 다시 힘이 붙는다. 자신이 어디서 살아나고 어디서 고갈되는지를 아는 것이 중요하다. 그것이 결국 나에게 필요한 충전 방식이다.

경수 씨는 이 두 가지 흐름 사이에서 스스로에게 솔직하지 못했다. 혼자 있는 시간이 분명히 필요했지만, 언제나 사람들 속에서 자신을 증명하고 싶어 했다. 인정받는 사람이 되고 싶었고, 기대에 부응하는 사람이 되고 싶었다. 그리고 그만큼, 자기 안의 조용한 흐름은 오랫동안 무시당했다. 결국 그가 마주한 혼란은 성격 문제가 아니라, 마음속 에너지 흐름이 왜곡되고 고갈된 데서 비롯된 결과였다.

◆ 마음은 어디로 흐르는가

'정신적 에너지psychic energy'라는 말이 조금 생소할 수 있지만, 사실 우리가 일상에서 자주 쓰는 '관심關心'이라는 표현이 바로 이 보이지 않는 에너지 흐름을 직관적으로 이야기하고 있다. "너, 그 사람한테 관심 있지?" 혹은 "지금 관심을 대체 어디에 두는 거야?" 같은 말들에 마음이 어디를 향하고 있는지, 즉 에너지가 어떤 대상에 쏠리고 있는지가 담겨 있다.

눈에 보이지 않는 에너지 흐름을 우리는 어떻게 알아차리게 되는 것일까? 바로 사람의 말, 행동, 태도, 자세, 의사결정 등 겉으로 드러나는 여러 신호를 통해 보이지 않는 영역인 내적 현상을 추측한다. 따라서 어느 정도의 오차는 피할 수 없다. 무엇보다 인간은 타인뿐 아니라 자신을 속일 수 있고 실제로 속기 때문에, '내향'과 '외향'이라는 명확한 정의와 구분이 있음에도 불구하고 실생활에서 한 사람을 규정하는 일은 그리 단순하지 않다.

그렇다면 내향성은 고요한 힘일까? 숨겨진 갈등 혹은 병적인 상태일까?

다시 경수 씨 이야기로 돌아가 보자. 경수 씨는 주변에서 보면 누구나 부러워할 외향적 성격의 소유자다. 모임에서는 분위기를 주도하고, 유머 감각과 센스, 재치 있는 말솜씨로 사람들을 즐겁게 한다. 하지만 그 밝은 모습 뒤에는 아무에게도 말하지 못한 깊은 피로감이 있다. 모임을 마친 뒤 아무도 없는 집으로 돌아와 홀로 있게 된 순간, 그는 문득 설명하기 어려운 공허감과 탈진에 사로잡혔다.

이 감정은 단순한 피곤함이 아니었다. 뒤에서 자세히 이야기하겠지만, 정신분석학자 하인츠 코헛Heinz Kohut이 말한 '자기self'의 문제가 바로 이 지점에서 이해의 실마리를 제공한다. 경수 씨는 어릴 때부터 누군가의 인정이 간절했다. 여기서 '누군가'는 내 편이 되어 주는 사람이고 가장 이상적으로는 무조건 내 편인 사람일 것이다. 그런데 안타깝게도 그 단 한 사람이 곁에 없다면 어떻게 될까? 그는 어쩔 수 없이 차선책을 택했다. 그 결과, 점점 '조건부 인정'에 자신의 존재를 걸게 되었다.

경수 씨가 항상 타인의 반응에 민감했고, '괜찮은 사람'으로 보이기 위해 늘 자신을 조절하며 살아온 근본적 이유가 여기에 있었다. 그는 이런 규칙을 내면화해 나갔다. '재미있어야 한다, 착해야 한다, 센스 있어야 한다.' 그렇게 해야만, 나는 괜찮은 사람이라는 자기감sense of self이 유지될 수 있었기 때문이다.

이미 짐작했겠지만, 타인의 반응이라는 외부 조건에 기대는 삶의 구조는 원천적으로 불안정하다. 타인의 반응은 내 맘대로 조절할 수 있는 성질의 것이 아니기 때문이다. 상대의 반응이 차갑거나 예기치 않게 거절당하는 경우는 언제든지 발생할 수 있다. '무조건 인정'은 애초에 바라지도 않았지만, 조건부 노력조차 실패로 돌아가면 자기감 전체가 흔들리게 마련이다. 물론 오기를 가지고 다시 도전할 수도 있다. 그렇지만 현실에서 책임의 영역이 커질수록 불안과 긴장에 시달리기 쉬운 상태에 놓인다.

경수 씨의 외향적인 태도는 타고난 기질이라기보다는, 사회에서 살아남기 위해 만들어 낸 심리적 생존 전략에 가까웠다. 그는 내면에서 자기 확신을 얻지 못했다. 그래서 외부의 반응을 통해 자신을 유지하려는 외향화 전략을 택했고, 그러한 행동 선택들이 반복적으로 쌓이며 굳은 지금의 모습이 마치 진짜 성격처럼 보일 뿐이다. 원래는 가면일 뿐이었지만 어느새 가면이 본래 얼굴을 지워 버리고 그 자리를 대신하게 되었다고 할까. 스스로도 그 가면이 진짜 나인지 혼란스러울 지경인 것이다.

그렇다면 경수 씨가 자신의 가면을 인식하고 그것을 벗어던지기만 하면 되는 것일까? 단지 외향적인 태도를 내려놓는다고 해서, 그가 겪어온 내면 갈등과 현실에서의 탈진 상태가 자연스럽게 해결될 수 있을까? 또, 외향화 전략은 의식적으로 쉽게 포기할 수 있는 것일까?

사실 그 이면에는 더 복잡한 심리적 역학이 작동하고 있다. 그의 고통은 단순한 '행동 방식'의 문제가 아니라, 훨씬 더 깊은 층위에서 형성된 에너지의 흐름, 자기감의 구조 그리고 관계 안에서 자신을 어떻게 유지해 왔는가에 대한 총체적인 문제다. 이 지점에서 세 명의 심리학자(융, 프로이트, 코헛)은 서로 다른 시선으로 중요한 통찰을 제공한다.

◆
좋은 흐름이란 무엇인가, 세 심리학자의 이야기

융은 이러한 인간의 성향을 에너지 흐름의 방향성이라는 관점에서 바라보았다. 사람마다 에너지가 흐르는 방향이 다르다는 것이 융의 핵심 주장이다. 내향인은 정신 에너지가 자기 내면으로 흐르며 조용한 사색과 감정, 상상 속 세계에서 활기를 얻는다. 반면 외향인은 에너지가 외부 세계로 향하고 타인과의 상호작용이나 활동 속에서 힘을 얻는다. 이 구분은 병리적인 것이 아니라 존재 방식의 차이다. 경수 씨는 아마도 내향적인 기질을 지닌 사람이었을 것이다. 하지만 현실에서는 그 기질을 드러내기 어려웠고, 대신 스스로를 외향적인 모습에 맞추며 살아왔다. 융의 이론대로라면, 그는 자신의 본래 성향이나 타고난 에너지 흐름과 사회적 요구 사이에서 지속적인 충돌을 겪고 있는 셈이다.

그렇다면 혼자 있는 시간을 확보하면 이 문제가 해결될까? 물론 어느 정도는 편안해질 수 있다. 과도한 외향적 활동이나 노력을 일단 멈추고 사람들과의 거리를 적절히 유지하면서 자신만의 시간을 가지는 것만으로도 회복은 시작된다. 실제로 많은 내향인들이 타인 중심적인 삶에서 물러나 자기 내면에 무게중심을 두면서 정서적 균형을 되찾았다고 말한다.

그러나 인간의 마음은 이 정도의 해결책만으로 쉽게 만족하지 못한다. 어떤 이는 이런 갈등이 욕심에서 비롯되니 마음의 욕심을 줄이고 사람에 대한 기대를 낮추라고 충고할 수 있다. "인생은 결국 혼자 사는 거야"라고 단호히 선을 그을지도 모른다. 하지만 마음의 더 깊은 층위에서 일어나는 갈등은 그런 표면적인 해석이나 단순한 조절로는 풀리지 않는다. 깊은 곳의 문제는, 결국 그 깊이만큼 내려가서 마주해야 한다. 복잡함을 복잡함 그대로 직면하려는 자세가 필요하다.

물론 이 역시 우격다짐으로 될 일은 아니지만, 분명한 사실은 그 복잡함을 마주하기 위해 조금 더 힘과 용기를 내 볼 가치가 있다는 것이다. 그래서 이제, 프로이트의 이야기를 끌어와 이 복잡함의 뿌리를 조금 더 깊이 탐색해 보고자 한다.

프로이트는 이러한 심리적 에너지의 작용을 보다 구조적으로 설명한다. 그는 인간의 마음을 하나의 에너지 체계로 보았고 이 에너지를 '리비도libido'라고 불렀다. 그는 초기 저작에서 리비도를 성적性的 에너지로 간주했으나, 이후에는 점차 삶을 움직이는 심리적 에너지 전체를 뜻하는 개념으로 확장했다. 사람들의 이해를 돕기 위해 성적 에너지와 비非성적 에너지로 구분하기도 했다. 리비도는 단지 성적 충동이 아니라, 모든 생명 유지적 충동(생존 충동)과 창조 욕구, 타인과 사랑을 나누려는 힘까지 아우르는 생명과 사랑의 에너지다.

무엇보다도 프로이트는 이 에너지가 누구를 또는 무엇을 향하는가, 즉 어떤 대상object을 향해 흐르는가를 매우 중요하게 생각했다. 그의 관점에서 가장 건강한 상태는 리비도가 바깥, 외부 세계로 자유롭게 흐르는 것이다. 특히 현실에서 실현 가능한 사랑의 대상을 향할 때, 그 흐름은 가장 안정적이고 생명력 있다. 리비도가 외부로 흐르면, 인간관계를 형성할 수 있고 사랑과 일에 몰두하며 현실에 잘 적응할 수 있다.

반대로, 이 에너지 흐름이 외부로 나아가지 못하고 자기 자신에게로 철회될 때 그는 이를 '자기애narcissism'라고 불렀다. 자기애는 누구에게나 존재한다. 그러나 그것이 지나치게 강해지고 리비도의 흐름이 오직 자기 안으로만 머물게 될 때, 인간은 점점 고립되고 현실과의 연결이 끊기며 심하면 병리적 퇴행에까지 이를 수 있다. 프로이트는 이 상태가 자기 몰두, 감정 단절, 고립, 사회적 위축, 정신병적 위험으로 이어질 수 있다고 경고했다.

여기서 한 가지 중요한 점은, 어떤 사람은 자기애 상태를 한 번도 벗어나 본 적이 없을 수 있다는 것이다. 또 어떤 경우에는, 한때 외부로 건강하게 흐르던 리비도가 현실에서 어떤 난관에 부딪혀

좌절되고, 그 결과 다시 자기애의 상태로 철회되기도 한다. 이처럼 철회된 리비도가 다시 외부 대상에 투입될 수 있느냐 없느냐에 따라 이후 삶의 활력과 행복이 결정된다.

치료의 궁극적 목표는 바로 이 철회된 리비도를 다시 외부 세계로 흐르게 하는 것, 즉 고여 있던 내면의 에너지를 외부 대상과의 연결 속에서 다시 살아나게 돕는 것이다. 마치 막혀 있던 물길을 다시 열어 주는 것처럼, 억눌린 에너지가 '좋은 대상'으로 흐를 수 있을 때 회복은 시작된다. 막히고 꼬인 물길을 터서 좋은 물길을 만드는 작업은 엄청난 에너지와 시간이 들지만 한 사람의 삶의 질을 좌우하는 결정적 전환이 된다.

겉으로는 누구보다 활발하고 사교적인 경수 씨가 집에 돌아와 텅 빈 껍데기처럼 느껴진다고 말하는 것은, 더는 리비도를 외부 대상에 자연스럽게 연결할 수 없는 상태에 놓였다는 강력한 신호다. 그의 에너지는 더 이상 자유롭게 흐르지 못하고 철회되어, 자기 안에서 맴돈다. 이럴 때 사람은 병리적 자기애 상태에 고착될 수 있다. 주체적으로 선택된 내향성은 혼자만의 시간을 편안하게 느끼고 즐길 수 있게 해 주지만, 리비도의 철회로 인한 내향성은 고립을 동반하며 무기력과 우울을 불러온다. 경수 씨는 본래 내향적인 사람이었지만, 오랜 시간 타인의 기대에 부응하느라 자신을 외향적으로 꾸며 왔고, 결국 그의 정신 에너지는 방향을 잃고 자기 안으로 틀어박히게 되었다. 외부로 나아가지 못한 에너지가 자기애적 회로 속에 갇혀 최소한의 인위적인 흐름마저 끊기게 되면, 점점 무기력으로 굳어 간다.

　결국, 프로이트가 강조한 치료의 핵심은 분명하다. 철회된 에너지, 즉 리비도를 어떻게 다시 외부 세계의 살아 있는 연결 속으로 이끌어 낼 수 있을 것인가. 나의 진짜 감정이 살아 있고, 그 감정이 타인과 맺는 관계 안에서 연결되어 흐를 수 있을 때, 그리고 그 상호성 안에서 새로운 시너지를 창출하게 될 때, 그것이 회복이며 건강한 자아의 징표다.

　'내면을 향하는 에너지'를 병리적으로 보는 관점에 대해 여러 이견이 많을 것 같다. 그래서 우리는 병리적인 흐름과 주체적이고 건강한 흐름을 잘 변별할 필요가 있다.

　똑같이 내면을 향하는 에너지여도 도달하는 목적지와 대상은 다를 수 있다. 외부를 향하는 에너지도 마찬가지다. 어떤 사람은 다른 사람에게, 어떤 사람은 일이나 가치 혹은 기억과 상상 속 인물에 에너지를 쏟는다. 내향적인 사람은 대개 자기 안쪽의 세계(과거의 기억, 감정, 생각과 가치, 상상 속 관계)를 대상화하며, 외향적인 사람은 눈앞의 타인, 사건, 사회적 상호작용에 에너지를 쏟는다. 중요한 것은, 누구나 자신이 중요하다고 여기는 무언가에 리비도를 집중한다는 점이다.

　문제는 이 에너지가 과도하게 배분되거나 돌아오는 보상이나 만속 없이 지속적으로 소진될 경우, 인간은 피로감과 불안, 우울이라는 심리적 비용을 지불하게 된다는 데 있다. 특히 외부 자극에 민감한 내향인이 내면의 충만감을 얻는 데 실패하면서도 외부 요구에 부응하느라 반복적으로 많은 자원을 소모할 경우, 쉽게 번아웃으로 이어질 위험을 안게 된다.

코헛은 여기서 한 걸음 더 나아가, 인간이 자신의 존재감을 어떻게 유지하느냐는 문제를 다룬다. 그는 '자기'라는 개념을 중심에 두었고, 자기가 건강하게 유지되기 위해서는 반드시 '자기 대상self-object'이 필요하다고 보았다. 자기 대상은 나 자신은 아니지만, 내가 나를 느끼고 경험하게 해 주는 존재다. 어린 시절에는 주로 부모가 이 역할을 하며, 성인이 된 후에도 우리는 연인, 친구, 스승, 책, 예술, 신념 등을 통해 자기 대상을 만나고 경험한다. 자기 대상은 외부에 실재하지만, 시간이 지나며 내면에 정서적으로 각인되고 감정의 구조로 자리 잡는다. 다시 말해, 자기 대상은 외부에서 비롯되지만 내면에서 살아 있는 존재로 작동한다. 그런 관계는 내 존재의 거울이 되어 주며 내가 누구인지 느끼게 해 준다.

이런 대상이 있고 없고는 내면에서 큰 차이를 일으키고, 자기 확신의 문제와 연결되게 마련이다. 건강한 사람은 어릴 적 부모와의 상호적이고 안정된 정서 관계를 통해 자기 안에 살아 있는 자기 대상 형상을 만든다. 아이일 때 부모가 자신의 감정을 따뜻하게 받아 주고 존재를 기꺼이 반영해 주는 경험을 반복적으로 겪은 사람은, 성인이 되어서도 내면에 깊이 각인된 자기 대상 형상을 바탕으로 자기감을 유지한다. 그 형상은 실제 부모일 수도 있고, 기억 속 목소리나 감각으로 남아 있는 경험일 수도 있다. 자기 안의 감정, 기억, 상상과의 관계를 통해 형성된 이 자기 대상은 외부 반응에 쉽게 흔들리지 않도록 돕는다.

내향인의 에너지는 내면으로 향한다

경수 씨는 겉으로 누구보다 외향적인 사람처럼 보였다. 하지만 그 안에는 아무도 알지 못하는 공허함이 있었다. 그는 어릴 적부터 타인의 인정과 반응을 통해서만 자기 존재를 감각해 왔다. 누군가의 미소, 칭찬, 환호가 없으면 자신이 존재하는 것 같지 않았다. 타인은 그에게 단순한 외부가 아니었다. 타인의 반응은 곧 '자기 대상'으로 기능했고, 그것 없이는 자기감이 유지되지 않았다.

문제는 그런 방식의 자기감이 언제나 불안정하다는 점이다. 관계 속 타인이 외면하거나 무관심할 때, 그는 자신도 함께 무너지는 감각을 경험했다. 더군다나 그는 내향적인 기질을 가진 사람이었다. 외향인이라면 타인과의 교류를 통해, 외부 활동이나 성취를 통해 일정 부분 자기 회복(에너지 충전)을 기대할 수 있지만, 내향인에게 외부 활동은 본질적으로 에너지를 쓰는 일이지 충전하는 방식이 아니다. 결국, 내향인들은 시간이 흐를수록 점점 자기 소진을 경험한다.

경수 씨는 관계 속에서 자기감을 얻고자 애쓰는 한편, 그 관계가 길어질수록 점점 더 지쳐갔다. 그는 내면은 내향적이지만 외향적으로 행동할 수밖에 없었던 사람, 바로 '외향화된 내향인'이었다.

이 개념은 단순히 내향인지 외향인지 구분하는 성격 분류를 넘어선다. 경수 씨처럼 자기 대상이 충분히 형성되지 못한 내향인은 자기 안에서 감정과 존재감을 복원하는 능력이 부족하기 때문에, 외부 반응을 통해 자기를 확인하려는 방향으로 외향화된다. 일종의 생존 전략이라고 설명할 수도 있다. 생존을 위해 쓰는 에너지는 쉽게 정당화되는데, 문제는 이 에너지를 나중에 이야기할 '친밀한 관계 형성을 위한 에너지(타인을 향하는 리비도)'와 헷갈린다는 점이다. 그들은 생존을 위해 에너지를 썼을 뿐인데, 친밀한 관계를 얻지 못한 결과물을 놓고 낙담하거나 절망에 빠진다. 친밀한 관계를 맺는 첫 단계는 언제나 대상 선택부터 시작한다는 점을 분명하게 깨닫기까지, 그리고 그들의 분별력과 직감을 '좋은 대상'을 선택하는 단계에 제대로 써먹기까지 꽤 오랜 시간이 걸리곤 한다.

어쨌든 이러한 '무분별한 외향화'는 본래의 성향에 맞지 않는 에너지 소비를 동반하며, 대개 큰 소득이 없는 채로 반복적인 자기 소진으로 이어진다. 겉으로는 사교적이고 활발하지만, 내면에서는 자기 불안을 감추기 위한 끊임없는 보상적 적응을 겪고 어린 시절의 생존 패턴을 답습하는 사이클이 반복되는 것이다.

반면, 건강한 내향인은 자기 안의 감정, 기억, 상상과의 관계를 통해 자기 대상을 구성한다. 이들은 누군가와의 깊은 정서적 경험을 오랜 시간 자기 안에 간직하며, 그것이 내면의 자기 대상처럼 작동하도록 만든다. 외부의 인정이나 반응이 없더라도 자기 안에 살아 있는 대상이 존재를 지탱해 준다. 이런 내향인은 외부 반응에 휘둘리지 않고도 자기 존재감을 유지할 수 있다. 고요함 속에서 자신을 회복하고, 바깥으로 쓰일 에너지를 내면에 적절하게 비축할 수 있게 된다.

궁극적으로 중요한 것은, 외향형이든 내향형이든 누구나 자기 대상과의 건강한 연결을 필요로 한다는 사실이다. 그것이 실재하는 인물이든, 자기 안의 어떤 형상이든, 그 관계를 통해 우리는 나를 느끼고 살아갈 수 있다. 그러나 이 지점에서 되짚어야 할 질문이 있다. 우리는 누군가를 통해 단지 존재하고자 하는가, 아니면 그를 통해 더 풍부한 나로 살아가고자 하는가?

아무도 "자기 대상 따위는 난 필요 없어. 나 혼자서도 충분해"라고 말할 수 없다. 자기 대상의 필요는 인간관계의 기초적인 동력이다. 하지만 그 욕구에만 머물러 있는 한, 인간관계는 '필요를 채우는 도구적 관계'로 쉽게 축소된다. 평생 자신에게 필요한 대상을 찾아 헤매고 누군가를 통해 존재를 확인받으려 하다가 끝나는 것이다.

진정한 친밀감 intimacy 은 여기서 한 걸음 더 나아가야 한다. 그

것은 단지 "당신이 필요하다"는 심리적 갈망이 아니라, "내가 나로서 충분히 서 있으므로 당신과 함께 있고 싶다. 이 순간을 당신과 나누고 싶다"라는 자율적 선택의 감정이다.

그러기 위해 우리는 자기 대상 없이도 무너지지 않는 자기, 다시 말해 외부 없이도 내면에서 감정과 존재감을 회복할 수 있는 자기를 세워 나가야 한다. 그것이 진정한 독립이며, 자유로운 친밀함으로 가는 출발점이 된다.

융은 에너지의 방향을, 프로이트는 에너지 흐름과 대상의 문제를, 코헛은 자기감의 형성과 그 회복을 말했다. 이 세 관점은 각기 다른 듯 보이지만, 결국 하나의 이야기를 하고 있다. '나는 누구이며, 어디로 흐르고 있으며, 누구를 통해 나를 느끼는가'라는 물음에 답하기 위해, 우리는 삶을 건너고 있다.

◆
즉각적인 인간관계 혹은 진득한 인간관계

이제 본격적으로 내향인의 에너지 흐름과 정서 구조, 그리고 이들이 궁극적으로 도달해야 할 '자기 대상의 내면화'와 '진정한 친밀함'이라는 목적지에 대해 이야기하기 전에, 내향인과 외향인의 기본적인 차이를 간단히 정리해 보자.

내향적인 사람은 에너지를 주로 외부 세계보다는 자신의 내면으로 향하게 한다. 예를 들어 과거의 경험이나 기억의 반추, 상상 속 인물과 대화를 나누는 사고의 흐름, 철학적 사유에 깊이 빠져드는 활동 등이 여기에 해당한다. 이들은 실제 사람을 만나지 않더라도 자신만의 의미 있는 '대상 관계'를 내면에서 형성하고, 그 대상에 정서적 에너지를 집중할 수 있다.

반대로 외향적인 사람은 눈앞의 사람, 사회적 활동, 실제 관계와 같은 외부 대상을 중심으로 리비도를 쏟는다. 보다 직접적이고 가시적인 타인과의 교류, 사회적 장면, 구체적인 행동 속에서 자기감을 유지하고 에너지를 충전한다.

친밀감은 단지 감정을 느끼는 것을 넘어서, 의지와 의도를 가지고 특정 대상에게 자기 에너지를 '기꺼이 주는 행위'라고 할 수 있다. 내향형이든 외향형이든 모두 친밀한 관계를 맺을 수 있다. 다만, 에너지를 주는 방식과 선택하는 대상이 다를 뿐이다.

내향인은 실제 타인과의 관계를 지속하거나 더 깊이 있게 확장하는 방식이 외향인과 다르다. 기본적으로 자기 안의 내면적 대상에게 친밀감을 잘 느끼는 특성은 내향인 특유의 '진득한 인간관계'를 만들어 낸다. 타인의 말이나 반응에 휘둘리기보다, 관계에서 비롯된 감정과 경험을 내면에 깊이 저장하고 되새기며 그 대상이 내면화된 형태로 자리 잡도록 한다(어지간한 음해와 소문에 휘둘리지 않을 수 있다!). 이런 방식으로 형성된 '내면의 대상'은 이후에도 정서적 연결감과 친밀감의 근원이 된다. 다시 말해, 내향인은 관계 그 자체보다는 관계를 통해 얻는 정서적 흔적과 감응에 에너지를 기울이는 경향이 강하다. 반면, 외향인은 실제 인물과의 상호작용을 통해, 즉각적이고 반복적인 교류 속에서 친밀감을 실현한다.

내향성과 외향성은 리비도를 어디에 어떤 방식으로 쓰는지의 차이지, 누구는 관계를 잘 맺고 누구는 잘 맺지 못한다는 식의 문제가 아니다. 이러한 차이는 단순한 사회성의 문제가 아니라, 정신 에너지의 방향성과 관계 맺는 방식의 구조적 차이로 이해하는 것이 더 정확하다. 이 문제에 대해서는 4장에서 더 구체적으로 다루고자 한다. 내향인이 친밀함의 진정한 강자가 될 수 있음을 확인할 수 있을 것이다.

오늘날에는 이 고전적 이론에 신경과학과 정서심리학이 접목되며, 에너지 개념이 뇌 내 신경전달물질의 작용, 감정 조절 회로, 동기화 체계 등과 함께 새롭게 해석되고 있다. 하지만 여전히 프로이트가 통찰한 "마음은 에너지를 조절하고, 분배하며, 억제하고, 변형하는 심리적 장치"라는 말은 유효하다. 마음은 에너지의 수용기이자 발산체이며, 그 흐름의 방향과 밀도에 따라 개인의 성향이 형성되고 삶의 방식이 달라진다. 결국, 마음의 에너지란 우리가 누구인지를 찾아가는 여정 속에서, 스스로를 지탱할 수 있는 힘과 타인과 진정으로 연결되는 능력을 동시에 키워 가는 과정이다.

타고난 속성은
정말 변하지 않을까

Chapter 1 내향인 올바로 이해하기

Quiet People

자신의 성향에 대한 잘못된 이해는 정신적 상태의 변화, 외부의 어떤 일, 타인과의 갈등 상황 등을 통해 새로운 통찰이 생기면서 수정되는 기회를 얻기도 한다. 그렇지만 대개는 평생 자신에 대해 잘못 아는 채로 살아가기 쉽다. '타고남'의 측면에서 볼 때, 자신이 내향형인지 외향형인지 정확하게 규정하는 일은 마냥 단순하지 않다. 그렇다면 내향형과 외향형은 고정된 것일까, 변할 수 있는 것일까?

심리학을 전공하는 스물한 살의 지연 씨는 어릴 때부터 사람들

의 성격에 관심이 많았다. 당연히 요즘 유행하고 있는 MBTI에 대해서도 그 누구보다 잘 알고 있다고 자부하는 사람이었다. 그런 지연 씨가 내게 이런 질문을 했다.

"선생님, 제가 학창 시절부터 친구들 성격 테스트를 정말 많이 해 줬거든요. 이제는 친구들이 저를 '성격 도사'라 부를 정도예요. 사람 한두 번만 보면 I인지 E인지 정도는 테스트 없이도 맞추거든요. 통계를 다 내 보진 않았지만요. 틀릴 확률이 5퍼센트도 안 될걸요? 그런 제가요, 최근에 다시 사춘기 때처럼 기분이나 성향이 왔다 갔다 하는 느낌이에요. 저는 E형인데 왠지 점점 I형이 되는 것 같아요. 성격이 변하나 싶고 솔직히 슬쩍 걱정이 드는 것도 사실이고요. 저는 자연스럽게 타고난 제 외향적인 성격이 변하지 않은 것으로 알고 있었거든요. 근데 E형이었던 사람이 I형으로 변하기도 하나요? 살다 보니 성격이 자주 바뀌는 것 같아서 그동안 제가 잘못 알았나 싶기도 해요."

중이 제 머리 못 깎는다는 말이 있듯, 지연 씨가 다른 사람들의 성격이 아닌 자신의 성향과 성격에 대해 의문을 가진 것은 일생일대의 도전이나 다름없었다. 흔히 "사람 고쳐 쓰는 것 아니다"라는 말을 한다. 그만큼 사람의 '성격'은 잘 바뀌지 않는다는 뜻인데, 성격에 비해 사람의 '성향'은 의외로 잘 바뀌는 측면이 있다. 여기서 혼란이 생기는 이유는 '성향=타고나는 것'이라는 공식에 다들 익숙하기 때문이다.

타고난 것이 어떻게 변할 수 있을까? 엄밀히 말해 타고나는 성질 자체가 바뀐다기보다는 '표현형'이 달라지는 것이라고 이해하면 좋겠다. 이는 인간이라면 누구나 가지고 있는 기능에서 비롯되는데, 그 기능이란 바로 속임수다. 사람은 속기도 잘하고 속이기도 잘한다. 속임수를 잘 쓰는 사람, 잘 못 쓰는 사람 정도의 차이는 있을 수 있어도 원천적으로 속이는 것이 불가능한 사람은 없다. 조그만 아이들도 속임수를 쓰며 장난치기도 하고, 거짓말도 하고, 짐짓 '아닌 체'와 아닌데도 '그런 체'를 할 수 있다.

인간의 속임수 기능은 타인이나 외부에만 한정되어 있지 않다는 점도 특별히 유념해야 한다. 사람은 타인뿐만 아니라 자기 자신도 '완벽에 가깝게' 속이는 것이 가능하다! 거기에서 페르소나persona가 탄생하고, '거짓 자기'도 등장한다. 그런 차원에서 사람은 자신의 성향과 속성 역시 종종 속이고 변형할 수 있다고 본다. 적극적으로, 의식적으로 속이는 것이 아니라 마치 저절로 순응하듯 '변형'할 수 있다.

내향인은 종종 자신의 진짜 모습을 숨기고, 외부에서 요구하는 모습에 맞추어 행동한다. 항상 밝고 긍정적인 척을 해야 한다고 느끼는 내향인은 언제나 사회적 가면을 쓰고 있는 셈이다. 집에 오면 그런 자신의 모습이 너무 힘들고 가짜 같아서 혼란스러움을 느끼기도 쉽다. 이와 같은 현상을 이해하는 데 위니콧의 '거짓 자기' 개념은 매우 유용하다.

위니콧은 자기 본성과 본능, 그리고 자연스러운 감정과 욕구를 기반으로 작동하는 핵심 자기 True Self(진짜 자기)와 외부 세계로 나아가고 상호작용을 하기 위한 거짓 자기를 구분했다. 여기에서 나온 거짓 자기 개념은 외부 세계의 요구와 내면 자아의 진실성 사이에서 갈등을 겪는 내향인의 심리를 설명하는 데 유용하다. 거짓 자기는 자신을 보호하고, 외부 세계에 적응하기 위해 형성되는 생존 기제라고 할 수 있다.

거짓 자기는 일시적으로 외부 세계에 적응하는 데 도움을 줄 수 있지만, 지나치게 커지면 내면의 진짜 자기와 단절될 위험도 있다. 진짜 자기와 단절된다는 것은 어떤 의미일까? 결국 자신의 진정한 욕구와 감정을 잃고, 공허감과 소외감을 느끼게 되는 것이다. '자기 소외'라는 말은 여기서 생긴다. 건강할 때는 진짜 자기를 유지하면서 필요할 때만 거짓 자기가 작동하지만, 외부 현실에 압도되거나 자신을 적절하게 방어하지 못하는 병적 상태가 되면 거짓 자기가 진짜 자기를 아예 먹어 버리고 '껍데기 사람'인 채로 살게 될 수 있다.

내향인은 이런 상황에 특히 취약하고 민감한 존재다. 그들은 외부 세계의 요구를 충족하려 노력하면서도, 내면에서 진짜 자신이 억압되고 있다고 느낀다. 이 갈등을 해결하기 위해서는 외부와의 관계에서 자신을 드러내는 연습과 함께, 내면의 진실한 욕구를 인식하는 과정이 필요하다.

내향인은 '옷'이 필요한 사람들이다. 여기서 말하는 옷이란, 본질적인 자아를 감추는 가면이 아니라 자신을 표현하고 타인과 소통하기 위한 도구다. 옷의 필요성을 잘 이해할 때, 자칫 거짓 자기를 발달시키는 위험을 막을 수 있다. 내향인 고유의 '정직함과 정직에 대한 열망'이 현실에서 제대로 실현되지 못하고 길을 잘못 들어서면 필연적으로 거짓 자기가 생긴다. 현실에 살아남기 위해 진짜를 버리고 적응적인 새로운 자아를 택하는 것이다. 자기를 적절히 보호하는 '옷'을 입지 않았을 때 '날것'의 상태, 즉 나이브$_{naive}$한 상태가 되기 쉽다.

내향인의 '나이브함'은 단순히 세상 물정을 모른다거나 무방비하다는 뜻이 아니다. 자기 감정에 충실하고 정직해서 생겨나는 자연스러운 반응인데, 크게는 두 가지 모습으로 드러난다.

첫째는 감정이 강하게 자극될 때 즉각적으로 표출되는 경우다. 내향인은 보통 말을 아끼고 속으로 곱씹는 성향이지만, 때로는 방어막 없이 곧장 감정이 튀어나온다. 예컨대 회의 자리에서 자신의 의견이 묵살당했다고 느끼면, 꽁한 채 말문을 닫아 버린다. 동료들이 단순히 집중을 놓쳤을 수도 있는데, 자기 감정만으로 반응해 버리는 것이다.

또 다른 예로, 팀장이 "이 부분은 조금 더 보완이 필요하겠네요"라고 말했을 때 억울함이 불쑥 올라오면 "저는 충분히 준비했습니다"라며 곧장 반박하기도 한다. 순간적으로 자신의 진심을 지키고 싶은 마음에서 말하는 것이지만, 분위기를 얼어붙게 만들고 본인조차 당황하거나 후회하게 되는 경우가 많다.

둘째는 겉으로는 티가 나지 않고 담담해 보여도 상대의 의도나 맥락을 충분히 고려하기 전에 자기 느낌에만 몰입해 자기 해석에 고착되는 경우다. 친구가 "요즘 좀 멀어진 것 같네?"라고 웃으며 말을 건넸을 때, 따라 웃지만 속으로는 '내가 뭔가 잘못했나?'라는 자기 비난으로 연결한다. 사실 친밀감을 표현하거나 다시 가까워지고 싶은 마음일 수 있는데 말이다.

또 누군가 농담 삼아 "그건 좀 오버 아냐?"라고 말했을 때도, 그 순간에는 그냥 넘어가지만 돌아서며 '내가 분위기를 망쳤구나. 다음에는 말하지 말아야겠다'라며 움츠러든다. 심지어 연인이나 가족 사이에서도 이런 오해는 쉽게 발생한다. 배우자가 피곤해서 무심코 대답을 짧게 했을 때도, '나한테 화난 건가?' 하고 불필요한 불안에 휩싸이기 쉽다.

이처럼 내향인의 '나이브함'은 솔직함에서 비롯되지만, 때로는 돌발 반응이나 행동, 과도한 자기 몰입으로 인해 인간관계 속에서 어색함과 오해, 상처를 낳는다. 그렇다고 해서 내향적인 사람이 억지로 외향적인 태도를 흉내 낼 필요는 없다. 내향인에게 진심은 그 자체로 이미 소중하다. 다만, 그 진심이 왜곡되지 않고 온전히 전달

	내향인	외향인
거짓 자기의 사용 목적	사회적 생존과 적응을 위해 사용함	자기 확장과 만족을 위해 사용함
에너지 흐름	사용 후 에너지를 소모함	사용 후 에너지를 충전함
사용 후 반응	피로감, 번아웃, 혼자만의 시간이 필요함	만족감, 흥분, 더 많은 관계를 원함
심리적 영향	자기 본연의 모습과 괴리감이 커질 가능성이 있음	사회적 역할과 자기 정체성이 융합됨

되도록 '번역할 기술'이 필요할 뿐이다.

외향인은 사람들과 부딪히며 자연스럽게 사회적 기술을 배우지만, 내향인은 혼자 곱씹고 자기 안에서 결론을 내리는 데 익숙하다. 그래서 의도적인 연습이 특히 필요하다. 예컨대 발표 전에 표현을 미리 정리해 두거나, 농담이 불편하다면 즉각 반응하기보다 한 박자 늦게 받아들여 보자. 그것만으로도 내향인의 진심이 훨씬 따뜻하고 정확하게 전달된다.

내향인에게 사회적 기술은 방어용 갑옷이 아니라 마음을 번역해 주는 옷과 같다. 억지스러운 변장이 아니라, 자신의 진심을 세상에 제대로 보여 주는 지혜로운 방식인 것이다.

어려운 질문에는 난색을,
무례한 질문에는 불쾌함을 표하라

'옷'은 내향인이 사회에서 자신의 자리를 지키며 건강하게 관계를 유지하고 어려운 상황에서 자신을 보호하기 위해 꼭 필요한 것이다. 그중에서도 어려운 질문에 난색을 표하는 것과 무례한 질문에 불쾌함을 드러내는 것은 내향인이 반드시 갖추어야 할 사회적 기술이다. 이것은 단순한 방어기제가 아니라, 자신을 지키고 타인과 건강한 경계를 설정하는 중요한 방법이다.

◇ 적절한 거리 두기의 시작

내향인은 종종 예리하거나 곤란한 질문을 받았을 때, 그에 대해 너무 진지하게 고민하거나 모든 것에 솔직히 답해야 한다는 부담감을 느끼기 쉽다. 하지만 모든 질문에 정답을 내놓을 필요는 없다. 난색을 표한다는 것은 곧 자신이 곤란하거나 불편하다는 신호를 타인에게 전달하는 방법이다. 이를 통해 상대방에게 경계선을 알리고, 자신을 과도하게 노출하는 것을 막을 수 있다.

질문이 너무 어려울 때는 솔직히 "이건 제가 바로 답하기 어려운 질문이네요"라고 말한다. 답변을 유보하거나 "조금 생각해 보고 말씀드리겠습니다"라는 말로 시간을 벌어라. 자신이 느낀 어려움을 그대로 표현하며 상대방과 공감대를 형성하는 것도 좋다(예: "좋은 질문이지만, 제게는 꽤 고민스러운 주제네요", "지금 꼭 답을 해야 할지요?").

◇ 경계를 지키는 힘

내향인은 종종 타인의 무례함을 애써 참아 넘기거나, 불쾌함을 표현하지 못한 채 속으로만 곱씹는 경우가 많다. 하지만 무례한 질문에 불쾌함을 드러내지 않으면, 상대방은 그것을 정당화하거나 반복할 가능성이 높다. 불쾌함을 표현하는 것은 건강한 관계를 유지하는 데 필수적이다. 상대방이 자신의 무례한 질문으로 인해 초래된 감정을 인식하도록 만드는 것은, 내향인이 자신을 지키는 중요한 기술이다.

상대방의 질문을 무례하다고 느낀다면, 침묵이나 애매한 미소로 넘기지 말고 단호하게 의사를 표현하라(예: "그건 저에게는 개인적인 질문이라 조금 불편하네요"). 부드러운 어조를 유지하되, 분명히 경계를 설정한다(예: "그건 적절하지 않은 질문 같습니다. 다른 이야기를 나눌까요?"). 상대방의 태도가 계속될 경우, 대화를 종료할 권리가 자신에게 있음을 명확히 한다(예: "그 질문은 제가 받아들이기 어려워요. 이 대화를 계속하고 싶지 않습니다").

◇ 사회적 인간으로 살아가기 위해 필요한 진짜 옷

어려움과 불쾌함을 표현하는 것은 무례하거나 부적절한 행동이 아니다. 내향인은 자칫 모든 상황을 순응적으로 받아들이거나, 갈등을 피하려는 성향 때문에 자신을 지키지 못하는 경우가 많다.

어려운 질문에 난색을 표하고, 무례한 질문에 불쾌함을 드러내는 것은 내향인이 사회에서 입어야 할 중요한 '옷'이다. 이 옷은 자신의 감정을 보호하고, 타인과 건강한 경계를 설정하며, 상호 존중을 기반으로 관계를 이어 가는 기술이다. 적절한 거리와 표현은 내향인이 자신의 자리를 잃지 않으면서도 세상과 소통하는 가장 효과적인 방식이다.

내향인의 '옷'을 완성하는 법은 다음과 같다.

❶ 적절한 거리 유지

자신이 느낀 감정을 숨기지 않고, 부드럽게 표현할 줄 아는 것이 중요하다.

❷ 연습과 준비

난색을 표하거나 불쾌함을 드러내는 것도 기술이다. 적절한 어휘와 어조를 연습하고, 자신만의 방식으로 상황에 따라 조율해 나가자.

❸ 진정성 유지

이 모든 것은 자신을 지키면서도 타인과 진정성 있는 관계를 맺기 위한 과정이라는 점을 잊지 말자.

외향형으로 태어난 사람도 내향형의 모습을 취할 수 있고, 내향형으로 태어난 사람도 앞서 본 경수 씨처럼 완전한 외향형으로 살아가는 일이 가능하다. 문제는 속이는 주체인 자기 자신이 속임수의 시작과 과정 자체를 다 자각하지 못한다는 맹점이 존재한다는 데 있다. 자기를 속이고 있지만 그 사실 자체도 미처 의식하지 못하는 상황에서, 지연 씨처럼 '그동안 알고 있던 나는 진짜 내 모습이 아니었나? 내 성향이 I인 것일까, E인 것일까?'라고 헷갈리는 현상이 일어난다.

성향이 바뀌거나 성격이 변하는 것은 꼭 외부 환경이나 타인의 요구 혹은 외압 때문이 아니라 자신의 '내적 결정'에 의해서도 가능하다. 인간은 스스로 선택하고 결정하는 존재다. 우리는 매 순간, 삶의 중요한 가치들 앞에서 선택의 기로에 선다. 정직할 것인지, 속일 것인지, 용기를 낼 것인지, 아니면 회피할 것인지. 이 모든 결정은 때로는 의식적으로, 때로는 무의식적으로 이루어진다. 그리고 이러한 선택에는 의식적인 결정뿐만 아니라 무의식적인 선택에 대한 책임도 따라온다.

예를 들어, 정직과 속임 사이에서 하나를 선택할 때 우리는 종종 개인의 이익과 윤리 사이에서 갈등하며, 내면의 성향과 외부의 기대에 맞추어 판단한다. 때로는 이러한 선택이 우리가 이상적으로 바라보는 자아와 일치하기도 하고, 반대로 현실에 맞추어 '변형된 자아'를 설정하여 자신을 조정하고 적응시키기도 한다.

여기서 중요한 점은, 무의식적으로 이루어진 선택일지라도 그것이 우리의 삶과 성격에 큰 영향을 미친다는 것이다. 무의식에서 비롯된 선택이라 해서 그 책임에서 자유로울 수는 없다. 이러한 선택들은 우리의 자아 형성에 깊이 개입하며, 결과적으로 우리를 더 본연의 자아에 가까워지게 하거나 반대로 거짓 자기 또는 허언증을 만들어 낼 수 있다.

마찬가지로 용기를 내거나 회피하는 순간에도 우리는 주체적으로 삶의 방향을 설정하고, 그 선택들이 곧 우리의 자아와 인간관계, 삶의 색깔을 결정짓는다. 결국 우리는 무의식에서 비롯된 선택조차 자신의 일부로 받아들이고 그에 따른 책임을 짊어지며 살아가는 존재다.

에너지를 충전하는 방식의 차이

Chapter 1 내향인 올바로 이해하기

Quiet People

지연 씨는 원래 친구들과 이런저런 수다 떨기를 좋아했고, 앞서 이야기했듯 자신의 관심사인 성격 테스트도 친구들과 공유했다. 더 나아가 자신이 주도해서 타인에게 '해 주기'를 취미이자 특기로 삼아 왔다. 그 연장선상에서 자연스레 심리학과라는 전공을 정한 것도 사실이다. 친구들과 성격이나 심리에 대해 '풍성한 토크 시간'을 가지고 나면 괜스레 뿌듯했고 자기 존재감도 느꼈을 뿐 아니라 인간 심리 전반에 대해 점점 더 깊은 흥미를 느끼게 되었다. 당연히 사람들과 함께할 때 적극적이고 주도적인 모습을 보였고, 이는 지연 씨의 '큰 매력'으로 자리매김했다. 사람들과 자신의 해박한 지식을 나누었고 심지어 더 깊이 관심을 보이는 친구들이 있으면 과외를 해 주듯 찬찬히 가르쳐 주기까지 했다.

이런 지연 씨에게 도움을 받은 주변 사람들은 무척 고마워했고 한편으로는 지연 씨를 선망하는 이들도 있었다. 대학에 들어가서도 늘 지연 씨에게 상담 요청을 하는 친구나 선후배 들이 붙어 있었다.

그런데 한 학기가 채 지나기도 전에 괜히 친했던 사람들에게 서운함을 느끼거나 사소한 것에 예민해지는 일이 생기기 시작했다. 처음에는 어쩌다 있는 일 정도로 생각했는데, 계속 자신의 조언이나 인사이트insight를 요구하는 지인들에게 '피로감'이라는 감정을 느낀 것이다. 점점 혼자 조용한 시간을 가지고 싶었고, 도서관에 가서 심리학 전공 공부나 하루 종일 하는 편이 더 낫다고 생각하게 되었다. 이러한 자신의 변화가 증상처럼 느껴져 살짝 겁이 날 무렵, 더 이상 미적거리지 말고 무언가 전문적인 도움을 받아야겠다고 결심하기에 이르렀다.

이 사례는 외향적으로 보이던 사람이 실제로는 내향적인 성향을 내면에 품고 있었고, 자신의 에너지 회복 방식에 대해 충분한 인식을 하지 못했을 때 생길 수 있는 혼란을 보여 준다. 즉, 외향성과 내향성은 단순히 대인관계 스타일의 문제가 아니라, 에너지를 어떻게 쓰고 다시 회복하는가에 대한 깊은 자기 이해와 관련된 문제라는 사실을 시사한다.

지연 씨의 경우처럼, 겉으로는 활발하고 사교적인 모습을 보이더라도 그 사람의 진짜 에너지 충전 방식은 내적인 고요함일 수 있다. 이는 곧, 성향이 고정된 행동 유형이라기보다는 에너지의 흐름을 따라 움직이는 '방식의 차이'라는 점을 보여 준다. 사람들과 어울릴 때 즐거움을 느끼지만, 그것이 곧 에너지를 공급해 준다는 뜻은 아니다. 반대로 혼자 시간을 보내며 에너지를 보충하는 사람도, 필요할 때는 타인과의 관계를 통해 성장을 경험할 수 있다. 중요한 것은 자신이 어떤 환경에서 비로소 숨을 쉬는 느낌을 받는지, 어떤 활동이 나를 다시 나답게 회복시켜 주는지에 대한 인식이다. 그 자각이 바로 자기 이해의 시작이며, 성향을 존중하고 적절하게 조절하는 힘이 된다.

또 다른 사례를 하나 더 들어 보자. 고등학생인 세현 씨는 평소 친구들과 장난치고 어울리는 것을 즐기고, 점심시간이면 늘 친구들 사이에서 중심에 서 있었다. 선생님들도 그를 '에너지 넘치는 학생'이라고 표현했다. 그런데 시험 기간이 되면 세현 씨는 오히려 도서관 구석 자리를 찾아 혼자 앉아 있기를 원했고, 친구들이 대화를 나누자고 해도 자주 거절하곤 했다. 그는 "친구들이랑 있으면 재미있는데, 시험 기간에는 오히려 조용한 곳에서 혼자 정리하고 집중하는 것이 더 편해요. 그게 저를 좀 더 차분하게 만들어 주거든요"라고 말했다.

이처럼 겉으로는 외향적인 특성을 보이더라도, 정작 에너지를 회복하는 방식은 내향적일 수 있다. 에너지 충전이란 단지 쉬는 행위가 아니라, 그 사람이 진짜로 '편안함을 느끼는 환경'과 '나다움을 회복하는 방식'을 찾는 일에 가깝다.

이와 반대로 어떤 사람은 혼자 있는 시간이 너무 길어지면 왠지 불안해지고, 반드시 누군가와 대화를 나누어야 에너지가 생겨난다고 했다. 그는 아침에 카페에 가서 처음 마주친 사람과도 스스럼없이 이야기를 나누었고, 수업이 끝나면 꼭 누군가와 저녁을 함께해야 비로소 하루를 마무리할 수 있었다. 그의 말에 따르면, 그렇게 사람들과 섞여 있을 때만 "존재감이 선명해지는 느낌이 든다"라고 했다.

흔히 내향형은 사람을 만나면 기가 빨리고, 외향형은 사람을 만나서 기를 얻는다고 알고 있다. 이 말은 과연 사실일까? 일단 내향형이든 외향형이든 사람이라면 누구나 에너지를 충전해야 한다. 다만 그 방식에서 차이가 있을 뿐이다. 언뜻 외향형은 언제 어디서나 늘 힘이 넘치고 활동적이어서 에너지가 가득 차 보일 수 있다. 하지만 그들도 밤이 되면 활동을 멈추고, 자기만의 공간에서 휴식을 취하며 잠을 잔다. 또한 내향형은 활동을 적게 하고 혼자서 에너지를 보존 혹은 축적하기만 할 것 같지만, 의외로 끊임없이 어딘가에 에너지를 쓰고 있다. 단지 가만히 있거나 생각에 자주 잠겨 있을 뿐, 활동을 아예 하지 않는 것은 아니다. 그러므로 내향형도 부족해진 에너지를 채워야 하며, 그 에너지원을 어떻게 찾아야 하는지 고민하면서 살아간다. 단순한 비교만으로 에너지가 적다, 많다를 말하기는 어렵다. 단지 두 유형은 에너지를 충전하는 방식이 서로 다를 뿐이다.

이렇듯 내향형이든 외향형이든 중요한 것은 에너지 충전 방식이 다를 뿐, 누구에게나 자신만의 회복 루틴과 충전 시간이 필요하다는 점이다. 그 루틴을 알아차리고, 스스로를 잘 돌보는 것이야말로 성향을 존중하며 살아가는 기본이 된다. 더 구체적으로 이 방식에 대해 살펴보자.

◆ 내향인의 특성에 맞는 충전법이 필요하다

사람을 만나면 힘이 생긴다고 종종 말하는 외향형과 달리, 내향형은 자신을 피곤하게 만드는 1순위가 사람이라는 이야기를 많이 한다. 그냥 단순하게 생각하면, '사람'이 그렇게 피곤하고 힘든 존재라면 이 사람 저 사람 안 만나고 혼자 유유자적 편안하게 사는 것이 뭐 어떠한가 싶기도 하다. 일찌감치 굳이 사람이 없어도 괜찮은, 자신만의 삶의 양식을 터득하고 그런 터전을 마련하는 데 온 에너지를 집중하는 것도 꽤 현명한 선택일 수 있다. 자신이 어떻게 살지, 또 무엇을 위해 살지는 전적으로 그 사람 몫일 테니 말이다. 그런데 내향형의 '사람'을 둘러싼 고민이 시대가 흘러도 계속되고, 사람 때문에 지금도 고생 중인 내향형들을 볼 때면 단순 논리로 풀 문제만은 아닌 것이 분명해 보인다. 이제 이 문제를 더욱 존재론적으로 들여다볼 필요가 있다.

　사람은 잠을 자야 하고 밥을 먹어야 사는 '유한한 존재'이면서도 다른 인간이나 그 인간과의 관계성에 대해서는 '무한대'를 추구하는 존재라는 점을 같이 생각해 보자. 어느 때는 '사람은 정말 혼자서 살아가지 못하는 존재로구나!' 하는 사실을 깊이 마주하게 된다. 그리고 '어쩌면 사람에게 이렇게 당하고도 또 사람에게 똑같은 기대를 품을 수 있는지!' 하며 놀라곤 한다. 물론, 대상은 다른 사람으로 바뀔 수 있기는 하지만.

　마음을 치료하다 보면 외향형보다는 내향형을 좀 더 많이 만나게 된다. 수많은 내향형을 만나다 보니, 대표적인 명제에 의문이 가기 시작했다. 내향형에게 사람이 피곤한 존재가 맞는 것일까? 사람에게서 힘을 얻고 에너지를 충전하는 것은 외향형만의 방식일까? 내향형은 사람에게서 에너지를 결코 얻을 수 없는 것일까?

　내향형임에도 오히려 외향형보다 사람을 더 찾고 갈구하는 경우를 보았을 뿐만 아니라 사람을 만나야 힘이 난다고 말하는 내향형도 접하면서, 내향형의 에너지 충전법을 다시 생각하게 되었다.

내향형이라고 해서 전부 사람을 피곤하게 느끼지 않으며, 내향형이 사람을 만나면 에너지를 빼앗기기만 하지 힘을 얻지 못한다는 것도 사실이 아니다. 명백히 내향형인 사람을 두고, 기존에 우리가 알던 사실에서 벗어난다고 해서 그 사람을 내향형에서 외향형으로 바꾸어 버릴 수도 없다. 이 예외적인 상황과 진실 앞에서 우리는 조금 더 섬세하고 세밀해질 필요가 있다.

◆
사람을 통해 에너지를 충전하는 내향형

다음은 사람을 통해 에너지를 얻는 '전형적인 I형' 시은 씨의 이야기다. 앞서 이야기한 지연 씨의 변화에 대해서 함께 살펴보아도 좋다.

"선생님이 보시기에 제가 I형인 것 같아요? E형인 것 같아요?"

시은 씨는 웃음이 많은 인상에 워낙 인사성이 밝아서 그녀를 이미 아는 사람들은 물론 처음 만나는 사람들도 당연히 상당한 호감을 느낀다. 이제 서른 살을 넘어선 시은 씨는 여태 사람을 만나고 사귀는 데 어려움을 느낀 적이 거의 없다. 그런 시은 씨이기에 이 질문이 내게는 다소 의외였던 것이 사실이다. 그렇지만 뜸 들이지 않고 곧바로 시은 씨가 어떤 유형인지 알아맞혔다.

"I형 아니에요?"

시은 씨는 되레 놀라며 이렇게 말했다.

"역시! 선생님은 전문가여서 다르시구나. 다들 E형이라고 하는데…."

솔직히 시은 씨가 I형에 가깝다는 사실을 간파하는 데 대단한 전문성이 필요하지는 않았다. 내가 얻은 힌트는 '겉보기에' 밝은 시은 씨가 자신이 어떤 유형인지 '퀴즈를 냈다는 것', 이 두 가지의 조합이었다.

대부분의 E는 스스로 I인지 E인지 심각한 고민을 하지 않을뿐더러 타인에게 물어보는 일도 별로 없다. 드물게 이들이 내향, 외향에 대해 언급할 때가 있긴 하다. 예를 들어, MBTI에 관심이 많은 E형이 I형으로 '보이는' 누군가를 향해 이렇게 말을 시작한다.

"난 E형인데, 넌 무슨 형이야? 아, 알겠다! I형 아니니?"

느닷없이 질문을 받은 I형은 조금 당혹스럽다.

"어, I형 맞아(그렇게 티가 나나?)."

E형은 개의치 않고 신나게 말을 이어 나간다.

"그래, 그럴 줄 알았어. 난 E형이지만 I형을 더 좋아해. 같은 E형끼리도 잘 노는데, I형과 있으면 무언가 더 재미있고 속 깊어질 때가 많더라고! 철학적이랄까?"

소위 '성격 좋은' E형은 자신의 기호와 취향에 대해서도 금방 오픈하면서 I형을 향해 성큼 한 걸음 내딛곤 한다. I형 중에서도 내성적 성향이 짙은 이들에게 이러한 E형의 접근은 때로 무례에 가깝게 느껴질 수도 있다.

그에 비하면 시은 씨는 털털한 I형으로 살아왔다. 그래서 E형들의 적극적이고 개방적인 스타일에 큰 당황함 없이 순발력 있게 응대가 가능했다. 대개의 E형은 시은 씨가 I형이라는 것을 알게 되면 놀라기도 했는데, 그러면서도 금방 인정하며 수긍하곤 했다. 조금만 함께 있다 보면 시은 씨가 기본적으로 진지하고 사려 깊은 사람인 데다가 속으로 여러 가지 생각을 많이 한다는 것을 잘 알게 되었기 때문이다. 그렇다면 시은 씨는 내향인이면서 외향인인 '이중 유형'일까? 타인은 헷갈릴지 몰라도, 이 부분은 그 누구보다 시은 씨 자신이 또렷하게 잘 알고 있다. 이는 시은 씨의 에너지 충전법에서 특히 잘 드러난다.

시은 씨는 어릴 때부터 스스로에 대한 탐색과 생각을 많이 했다. 일명, '사색을 즐기는 소녀'였다. 그러면서도 가까이 있는 사람들에게 관심을 기울이고 배려도 잘하는 친구이자 함께 어울리는 것을 좋아하는 사람이었다. 사람들 사이에 있는 것을 편안하게 느끼지만, 자신의 마음을 최우선으로 들여다보는 시간을 충분히 가진다. 자신만의 철학도 뚜렷해서, 확신에 찬 목소리로 "저는 이 세상 그 무엇보다 사람이란 존재가 가장 흥미롭고 사람들과 함께 어울릴 때가 제일 좋아요. 가장 가치 있는 존재라고 생각해요" 하고 말하곤 했다.

정말 그랬다. 시은 씨에게 가장 의미 있고 가치 있는 대상은 '사람'이다. 그녀는 첫 번째로 자신의 마음에 대해 생각을 많이 하는 것이 뿌리 깊은 습관이 되었다고 했는데, 그것이 혼자 있어도 전혀 심심하지 않을 수 있는 비법이라고 말할 정도였다. 그래도 혼자보다는 실물, 즉 실제 사람들과 부대끼며 이야기하고 놀 때 힘을 얻고 '사는 재미'를 느낀다고 했다. 시은 씨보다 사람을 좋아하고 사람을 통해 힘과 에너지를 얻는 사람이 또 있을까 싶었다. 그러면서 지극히 '내향적'인 시은 씨는 사람들을 만날 때면 에너지를 빼앗긴다고 자주 호소하는 다른 내향인과 분명 다른 면이 있었다.

자칫 내향인에 대한 진짜 정의가 무엇이냐며 괜한 다툼이 벌어질지 모르겠지만, 그 누구도 틀린 것이 아닐 수 있다. 그만큼 내향인의 본질에 접근하려면 겉모습이나 대인관계 스타일이 아니라, 에너지가 어떻게 흐르고 또 어디서 어떤 과정을 통해 회복되는지를 살펴보아야 한다. 그러므로 "사람을 만나면 피곤한가? 힘이 생기나?"라는 질문에 단순히 "네" 또는 "아니오"로 내향인, 외향인을 구분하는 것은 잠시 멈추어 보자. 시은 씨의 사례처럼 내향인이라고 해서 꼭 인간관계가 피곤하고 불편한 것은 아니다. 내면이 중요한 내향인은 사실 사람을 피곤해하는 게 아니라, 의미 없는 연결에 지친다. 자신의 가치와 연결된다면, 새로운 만남도 내향인의 에너지원이 될 수 있다.

삶이 피곤한 내향형 인간을 위한 밸런스 맞추기

다른 사람의 심리 고민과 성격에 대한 궁금증을 힘들이지 않고 풀어 주는 지연 씨는 언뜻 외향형처럼 보이지만 자타 공인 내향형이다.

내향형이 가지는 가장 뚜렷한 요소는 안을 들여다보는 성향이다. 어려운 말로 '내적 성찰Introspection'이라 부른다. 'Intro'는 흔히 도입부라는 의미로 쓰이는데, 들어가는 것을 뜻한다. 여기에 본다는 뜻을 가진 'spection'이 합해져서, '마음으로 들어가 본다'는 의미다. 들어가서 보는 것을 좋아하는 성향은 모든 내향형의 공통 특징이다.

지연 씨는 안을 들여다보는 것을 좋아하는 사람이라 이러한 성향이 심리에 관심을 두는 모습으로 잘 표현되고 있다. 다만 보통의 내향형과 다르게 보이는 이유는, 지연 씨의 관심이 자기 자신에게 머물러 있지 않고 다른 사람들에게로 '확장'되는 데 있다. 지연 씨는 자신의 관심사를 타인과 공유하고 싶어 하고 그들 역시 자신이 알고 있는 것을 알게 되기를 원한다. 말하자면 자신의 앎과 깨달음을 남에게 주는 것 역시 무척 좋아하는 성향을 띤다. 이러한 부분들이 지연 씨에게 '개방성'이라는 다른 특성을 가미하며 '무언가 조

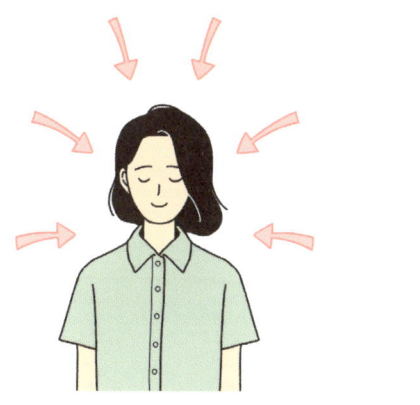

금 다른 내향형'으로 나타난다.

개방성의 수준이 높은 내향형은 타인과의 교류와 활동량이 많아지기 때문에 삶의 피곤함을 유난히 잘 느끼곤 한다. 어찌 보면 성향 자체가 '피곤해지기 쉬운' 구조를 가졌다고 할 수 있다. 하지만 개방성이라는 성질 자체는 나쁜 것이 전혀 아니다. 약점이나 단점도 아니다.

그렇다면 왜 일상에서조차 쉽게 피로감을 느끼는 것일까? 개방성이 내향성과 만났기 때문에 발생하는 '특이 사항' 정도로 인식하면 좋겠다. 개방성이 클수록 관심이 밖을 향하는 빈도와 비율이 올라가는데, 바로 이 점에서 내향인이 자기 안으로 들어가서 에너지를 보충하고 '리프레시'하는 것과 반대 방향에 놓이게 된다. 내 안에서 서로 다른 방향성을 가진 성질이 만나는 데서 생기는 불가피한 현상인 셈이다.

이들을 위한 해결책이 몇 가지 있다. 먼저 에너지가 밖으로 향하는 시간과 안으로 향하는 시간을 구분 짓는 것이다. 내향인 사람은 에너지를 안으로 향할 때, 외향인 사람은 에너지를 밖으로 향할 때 편안함을 느끼고 활동 에너지를 축적하게 된다. 특히 자신의 성향과 반대 방향의 활동을 할 때 에너지가 빠르게 소진되기에 '시간'을 따로 구분해 놓지 않으면 일상생활에서조차 쉽게 지쳐 버릴 수 있다.

특히 내향인이라면 자기만의 시간 혹은 개방성을 잠시 닫아 두는 시간이 그 누구보다 필요하다. 타인과 함께하는 것이 아무리 좋아도, 앞에서 언급한 에너지 방향에 대해 생각해 볼 때 자신의 방향이 안쪽으로 나왔다면 내 에너지와 시간은 한계가 있다는 점을 잊지 말고 균형 있게 일상을 계획하도록 하자.

다음으로는 개방성의 크기와 방향, 각도를 조절하는 법을 훈련하는 것이다. 내향인이 쉽게 지치는 이유는 개방성이 커진 상황이 문제가 아니라, 이를 잘 다루지 못하기 때문이다. 삶의 밸런스가 얼마나 중요하고 필요한지를 '뼈저리게' 자각한 내향인들이 가장 좋아하는 슬로건이 선택과 집중이기도 한데, 바로 이 선택과 집중을 통해 개방성을 자신이 다룰 수 있는 범위로만 조절하는 것이 중요하다. 더불어 관심을 둘 대상을 선별해서 잘 선택하고 각각에 대한 시간을 잘 배분하는 계획성도 필요하다.

내향인과 외향인의 뇌

Chapter 1 내향인 올바로 이해하기

Quiet People

내향인의 DMN과 자기 성찰

내향인과 외향인의 차이를 한층 더 깊이 이해하려면 DMN, 즉 뇌의 디폴트 모드 네트워크부터 알아야 한다. DMN은 우리가 의식적으로 어떤 일을 하고 있지 않을 때, 뇌가 외부 자극이 없는 휴식 상태에 있을 때 마치 마음속에서 '배경'처럼 작동하여 자기 성찰이나 과거 경험 되돌아보기, 미래 계획 세우기 같은 내적 활동에 관여한다. 마치 스마트폰에서 활성화되어 있는 백그라운드 애플리케이션과도 같다.

기본적인 작동 원리를 이해하기 위해 비유했지만, 단순히 스마트폰의 백그라운드 애플리케이션과 같다고 하기에는 DMN의 역할은 훨씬 더 복잡하고 깊다. 우선, 백그라운드 애플리케이션과 다르게 DMN은 우리가 의식적으로 조절할 수 없다. 즉, DMN 기능은 무의식적으로 작동한다. 단순히 감정과 생각을 정리하는 보조적인 기능을 넘어 우리의 자아 인식과 정체성을 꾸준히 재정립하게 만든다.

DMN은 여러 뇌 영역의 복합적인 상호작용을 통해 우리의 내면에서 끊임없이 정보를 처리하고, 과거 경험을 회상하며, 미래를 계획하고, 자아를 형성하는 데 중요한 역할을 한다. 그러나 뇌의 백그라운드 애플리케이션이 너무 과도하게 활성화되거나, 반대로 제대로 작동하지 않으면 우리의 사고와 정체성에 영향을 미칠 수 있다.

DMN은 1990년대 후반 미국 세인트루이스 워싱턴대학교의 뇌 영상 연구자인 마커스 E. 레이츨Marcus E. Raichle 박사에 의해 처음 주목받기 시작했다. 당시 뇌과학계는 특정 인지 과제를 수행할 때 뇌가 어떻게 활성화되는지를 집중적으로 연구하고 있었으나, 레이츨 박사 팀은 "과제를 수행하지 않을 때, 즉 가만히 있을 때 뇌는 무엇을 하고 있는가?"라고 역발상 질문을 던졌다. 실제로 PET 스캔(양전자방출단층촬영)과 fMRI(기능적 자기공명영상)를 통해 반복된 실험을 하던 중, 연구진은 과제를 수행하지 않는 '휴식 상태'의 뇌

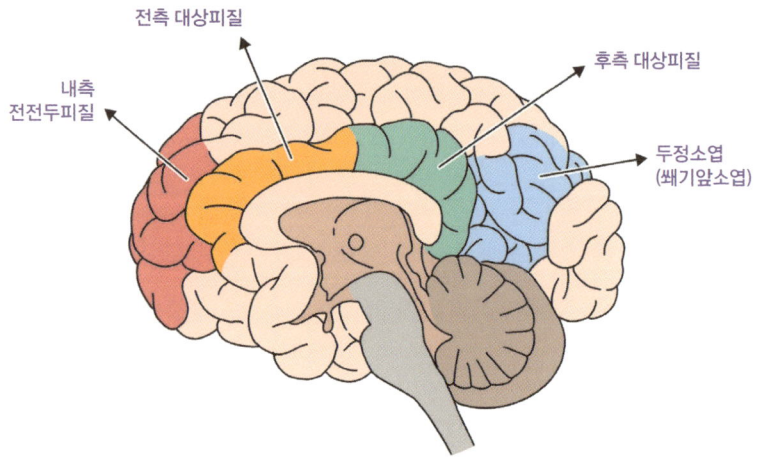

에서도 특정 영역들이 지속적으로 활성화되어 있다는 사실을 발견하게 된다. 오히려 외부 자극이 있을 때보다 내적 작업을 할 때 더 활성화되는 회로가 있었고, 이를 '디폴트(기본) 모드 네트워크'라 명명했다.

DMN은 우리의 자기 성찰과 자아 인식을 돕는 뇌의 중요한 네트워크로, 크게 앞쪽 DMN과 뒤쪽 DMN으로 나뉘어 각기 다른 역할을 한다. 이 두 영역은 내향성과 외향성에 따라 다르게 활성화되며, 우리가 세상과 자신을 바라보는 방식을 결정짓는다.

먼저 앞쪽 DMN은 자기 성찰과 감정 조절을 담당하며, 내향적인 사람들에게 내면의 거울 역할을 한다. 주요 부위인 내측 전전두피질medial Prefrontal Cortex, mPFC은 자신의 생각과 감정을 깊이 돌아보는 데 관여한다. 내향인은 이 부위를 통해 자신을 이해하고, 내면의 감정에 대해 더 깊이 탐구한다. 전측 대상피질 Anterior Cingulate Cortex, ACC은 복잡한 감정과 갈등을 조절하는 역할을 하며, 내향인이 감정적 문제를 해결하고 정리할 때 더욱 활성화된다.

그다음 뒤쪽 DMN은 기억과 상상을 통해 우리를 과거와 연결해 주는 다리 같은 역할을 한다. 내향인뿐만 아니라 외향인에게도 중요하지만, 특히 외향인은 이 부위를 통해 사회적 경험과 미래의 즐거운 가능성을 상상하며 힘을 얻는다. 후측 대상피질 Posterior Cingulate Cortex, PCC은 과거의 경험을 되살리고, 이러한 기억을 바탕으로 현재의 자아를 이해하는 데 도움을 준다. 두정소엽 parietal lob-ule의 안쪽은 상상과 미래 계획을 담당해, 우리가 새로운 가능성을 상상하고 계획하는 데 도움을 준다.

내향인은 앞쪽 DMN을 통해 자기 자신과의 깊은 대화를 나누며 에너지를 얻는다. 반면, 외향인은 뒤쪽 DMN을 통해 사람들과의 경험을 떠올리고 다가올 즐거운 일을 상상하며 활력을 찾는다. 이 두 방향의 차이 때문에 내향인은 혼자 있을 때, 외향인은 사람들과 시간을 보낼 때 에너지를 충전하게 된다.

DMN의 앞쪽과 뒤쪽이 내향성과 외향성에 따라 다르게 작용하며 각각의 자아 성찰과 사회적 경험을 지원한다는 점에서, 우리의 뇌는 마치 내면의 나침반처럼 개개인이 세상을 경험하고 해석하는 방식을 안내한다.

일상 속 내향인과 외향인의 DMN 활성화 차이

에너지를 크게 소모하지 않고, 편안하게 쉬고 있을 때에도 내향인과 외향인의 뇌는 서로 다른 반응을 보인다. 먼저 외향인은 사회적 상호작용과 관련된 시각적 이미지를 떠올리거나 과거의 사회적 경험을 회상하는 경향이 있다. 예를 들어, 최근 모임에 참석했을 때 즐거웠던 순간들을 떠올리면서 그때의 감정을 다시 느끼고, 다음에 그 모임이 어떻게 진행될지 상상하며 기대한다. 미래에 경험할 사회적 활동에 대한 기대감과 흥분을 통해 내적 보상을 얻는 것이다. 이럴 때 외향인의 뇌에서는 주로 뒤쪽 DMN(후측 대상피질과 두정소엽의 안쪽)이 활성화된다. 이 영역은 시각적인 상상이나 과거의 경험에 대한 생생한 회상, 그리고 외부 자극에 대한 반응과 연결된다.

내향인은 외향인과 다르게 휴식하는 동안 자신이 경험한 상황을 깊이 성찰하거나, 미래의 계획을 정교하게 세우며, 자신이 생각하고 있는 것들을 분석한다. 조용히 앉아 자신이 현재 직면한 문제를 해결할 방법을 생각하거나, 최근에 있었던 대화를 반추하면서 그 대화 속 자신의 감정을 분석한다. 이런 활동을 통해 내향인은 심리적 안정감과 충족감을 얻는다. 내향인의 DMN은 주로 앞쪽에서 활성화되고, 자기 성찰과 자기 인식 그리고 복잡한 문제 해결에 관련된 활동과 연결된다.

내향인과 외향인의 DMN 활성화 차이는 각각의 뇌 연결성에도 영향을 미칠 수 있다. 외향인은 뒤쪽 DMN과 감정 처리 및 시각적 기억 회상과 관련된 영역들의 연결이 강화되어 있다. 이로 인해 외향인은 외부 자극에 더 빠르게 반응하고, 사회적 상호작용에서 더욱 활발한 활동성이 드러난다. 반면에 내향인은 앞쪽 DMN과 전두엽 및 내측 전두피질과의 연결이 강화되어 자기 성찰과 자기 이해를 통해 내면의 충족감을 얻는 경향이 강하다.

백그라운드 애플리케이션이 너무 많이 작동하면 스마트폰의 성능이 느려지고 배터리도 빨리 닳는다. 사람도 마찬가지로 DMN이 과도하게 활성화되면 집중력이 반드시 필요한 순간에 집중하지 못하거나 현실적인 과제에 대응하는 능력이 떨어질 수 있다. 그에 따라 외부 현실에 맞지 않게 행동할 수도 있다. 여기서 말하는 '현실적인 과제'는 우리가 일상에서 꼭 해결해야 하는 구체적이고 실행 가능한 과제들로, 예를 들어 시험 준비, 보고서 작성, 졸업 논문 완성 등이 있다.

이런 과제들은 명확한 목표와 시간 관리가 필요한데, DMN이 과도하게 활성화될 경우 정신이 방황하거나 깊은 성찰에 빠지면서 당장의 문제에 집중하지 못할 수 있다. 특히 내향인은 성찰의 깊이로 인해, 마감이 다가오는 중요한 업무나 학업 과제를 미루는 상황이 발생할 수 있다. 내향인은 가끔 너무 깊은 성찰에 빠지는 바람에 현실의 문제를 놓치게 되는 경우가 많다.

반대로 DMN이 거의 활성화되지 않으면 자기 성찰의 기회를 놓치고, 자아 인식과 정체성 형성에도 문제가 생길 수 있다. 이 상태가 심각해지면 조현병과 같은 망상장애 등 이상 사고가 유발될 수 있다. 이처럼 DMN의 활성화가 제대로 작동하지 않으면, 내적 충전과 감정적 균형을 유지하기 어려워진다.

◆
보상 시스템과 자기 성찰의 차이

우리의 뇌는 모두 다르게 작동하며, 각자 다른 방식으로 에너지를 충전하고 만족감을 얻는다. 어떤 사람은 다른 사람들과 함께 시간을 보내며 기쁨을 느끼고, 어떤 사람은 혼자만의 시간을 통해 내면의 충족감을 얻는다. 이러한 차이는 내향인과 외향인의 뇌 보상 시스템이 다르게 작동하기 때문이다. 특히, 이 차이는 뇌에서 분비되는 다양한 신경전달물질과 관련이 있다.

내향인은 자기 성찰을 통해 깊은 만족감을 얻는다. 혼자 있는 동안, 내향인은 과거를 돌아보고 자신의 생각과 감정을 분석하며 새로운 깨달음을 얻는 '아하 모먼트Aha! moment'를 자주 경험한다. 이 순간에 뇌는 다양한 신경전달물질을 분비하며, 내향인은 강한 기쁨과 만족을 느낀다.

내향인이 자기 이해의 '아하 모먼트'를 맞이할 때 느끼는 깊은 만족감과 시원함은 뇌 속 여러 영역이 협력하여 일어나는 작용이다. 이때 뇌는 복잡한 네트워크를 통해 마치 퍼즐을 맞추듯 이해와 성취의 경험을 만들어 낸다. 각각의 뇌 속 영역은 다음과 같다.

❶ 문제 해결과 통찰의 자리 | 전전두엽

내향인이 자기 성찰을 통해 새로운 통찰을 얻게 될 때, 전전두엽이 중요한 역할을 한다. 이 중에서도 전측 대상피질과 배외측 전전두엽Dorsolateral Prefrontal Cortex, DLPFC은 특별히 활발하게 작동한다. 전측 대상피질은 갈등을 해결하고 새로운 정보를 모으는 곳이며, 배외측 전전두엽은 이를 바탕으로 논리적 결론을 이끌어 내는 역할을 한다. 내향인은 이 과정에서 자기 내면을 다듬고 이해하게 되며, 그로 인해 문제 해결의 즐거움을 느낀다.

❷ 자기와의 대화를 돕는 곳 | 내측 전두피질

내측 전두피질은 마치 내면의 거울처럼 자기와 관련된 생각과 감정을 다루는 역할을 한다. 자기 참조적 사고에 깊이 관여하는 이 영역은 내향인이 자기 자신에 대해 깊이 성찰할 때 활성화된다. 자신을 깊이 이해하는 순간 내측 전두피질이 활발해지며, 내향인은 자기 이해에서 오는 만족감을 얻게 된다.

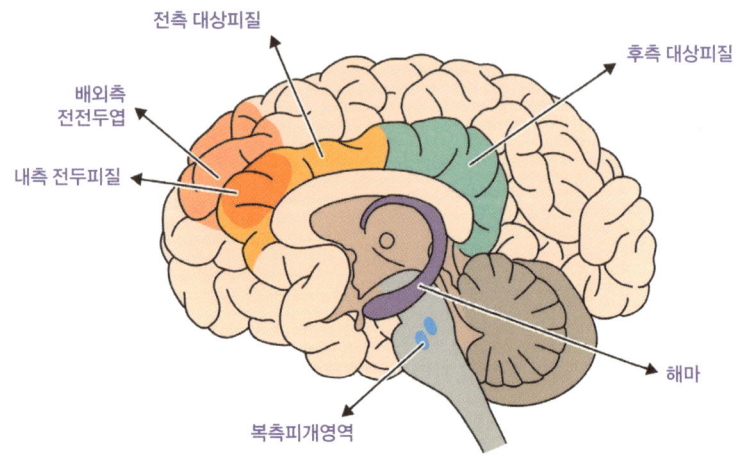

❸ 성취감을 주는 보상 시스템 | 도파민

내향인이 '아하 모먼트'를 맞이할 때 뇌는 도파민이라는 성취감을 느끼게 하는 신경전달물질을 분비한다. 복측피개영역Ventral Tegmental Area, VTA과 핵심부위Nucleus Accumbens에서 발생하는 이 도파민은 외부 자극이 아닌, 내적 통찰과 자기 이해에서 분비된다는 점이 특징이다. 내향인은 자기 발견의 순간에 깊은 성취감을 얻으며, 이를 통해 다시 자기 성찰의 힘을 느끼게 된다.

❹ 기억을 통한 현재와 과거의 연결 | 해마와 후측 대상피질

내향인의 자기 이해는 또한 기억과 과거 경험과도 밀접히 연결된다. 해마Hippocampus는 새로운 정보를 과거의 기억과 연결해 더욱 의미 있게 해 주며, 후측 대상피질은 자아와 관련된 기억을 재

구성하여 자기 이해를 돕는다. 이를 통해 내향인은 과거 경험에서 교훈을 얻고 현재를 더 명확히 이해하게 된다.

◆ 보상과 만족감에 영향을 미치는 신경전달물질

보상과 만족감을 느끼게 하는 중요한 신경전달물질인 도파민은 외향인과 내향인에게 각각 어떻게 적용될까? 외향인은 사회적 상호작용을 통해 도파민을 분비하고 활력을 얻는다. 친구와 대화하거나 새로운 사람을 만날 때 기분이 좋아지고 에너지가 충전되는 이유다. 반면 내향인은 외향인에 비해 도파민에 더 민감하다. 외부 자극 중 상대적으로 적은 양의 도파민에도 쉽게 압도당한다. 그래서 내향인은 지나치게 자극적인 외부 활동을 피하곤 한다. 앞서 이야기한 것처럼 내향인은 자기 성찰과 내면 통찰을 할 때 도파민이 분비되며, 깊은 만족감을 느낀다.

도파민 외에도 우리의 기분과 감정에 영향을 미치는 여러 신경전달물질이 있다. 옥시토신Oxytocin은 사회적 유대와 신뢰를 강화하는 데 중요한 역할을 하는 호르몬이다. 엄마가 아기에게 젖을 먹일 때, 아기도 만족감을 느끼지만 엄마의 뇌에서도 옥시토신이 왕성하게 분비되고 '애착심'이 형성된다. 이 호르몬은 주로 사람 간의 신뢰와 사회적 결속이 중요한 외향인에게 중요한 역할을 한다. 사람과 대화하거나 협력하는 일을 할 때 기쁨을 느끼는 이유다.

하지만 옥시토신은 내향인에게도 특정 상황에서 큰 영향을 미친다. 여러 사람이 모이는 사회적 모임보다 소규모로 모여 깊은 관계를 유지하는 상황에서 옥시토신의 영향을 더 많이 받는다. 내향인은 겉으로만 친절한 피상적인 관계에 자주 실망하는 편이다. 가깝고 친밀한 사람과 깊은 대화를 나누거나, 신뢰할 수 있는 사람과 관계를 맺을 때 옥시토신이 분비되며 내향인에게 심리적 안정감과 만족감을 준다.

그밖에 세로토닌Serotonin, 아세틸콜린Acetylcholine, 노르에피네프린Norepinephrine 등의 물질이 있다. 세로토닌은 기분을 안정시키고 감정을 조절하는 데 중요한 역할을 하며, 내향인의 경우 조용한 환경에 있을 때 세로토닌 분비가 촉진된다. 이를 통해 편안함과 안정감을 느끼게 된다. 아세틸콜린은 집중력과 학습 능력을 향상하는데, 자기 성찰을 통해 집중력을 높이고 깊이 있는 생각을 할 수 있도록 돕는다. 노르에피네프린은 긴장과 스트레스 반응을 조절하는 물질로, 외부 자극에 민감한 내향인이 과도한 자극을 받을 경우 불안감이나 긴장감이 유발될 수 있다.

외향인과 내향인의 보상 시스템 차이

외향인도 혼자 있을 때 '기분 좋은 상상'을 통해 에너지를 얻을 수 있지만, 외향인이 가장 충만함을 느끼는 순간은 사람들과의 상호작용에서 비롯된다. 예를 들어, 외향인은 친구 모임에서 대화를 주도하며 사람들을 웃기고 모두의 주목을 받는 상황에서 큰 만족감을 느낀다. 모임이 끝나고 집으로 돌아가는 길에도 즐거웠던 순간들이 떠오르며 기분이 오랫동안 고양된다.

또한 팀 스포츠 경기에서 득점을 올리거나 팀원들의 환호를 받을 때, 팀원들과 승리를 기뻐하며 하이파이브를 나누는 순간, 외향인은 강한 뿌듯함과 소속감을 느끼고 그 에너지가 도파민 보상 시스템을 활성화해 활력이 넘친다. 직장이나 학교에서 "네 덕분에 일이 잘 풀렸다"라는 칭찬을 들을 때도 자부심과 자신감이 크게 높아진다. 외향인은 이렇듯 사회적 상호작용에서 도파민과 옥시토신이 활발히 분비되어 충만감을 얻게 된다.

반면, 내향인은 혼자만의 시간 속에서 자기 성찰과 깊은 생각을 통해 충족감을 얻는다. 예를 들어, 조용한 곳에서 책을 읽거나 일기를 쓰며 생각을 정리하고 스스로를 깊이 이해할 때 큰 만족을 느낀다. DIY 프로젝트나 퍼즐 맞추기와 같은 취미 활동에 몰두하면서 집중과 성취감을 느끼고 내적 충만함을 경험한다. 내향인은 친구와 단둘이 오랜 시간을 보내며 깊이 있는 대화를 나눌 때도 만족감을 느낀다. 이러한 대화는 진솔한 이야기와 신뢰감을 바탕으로 내향인에게 에너지를 공급해 준다. 또한 자연 속에서 산책하거나 조용한 공간에서 혼자만의 시간을 보낼 때도 심리적 안정과 만족을 느끼며, 이러한 순간들은 세로토닌과 아세틸콜린의 분비를 촉진해 내면의 평화와 성취감을 더해 준다.

흥미로운 점은 내향인 중에서도 낯선 사람들과의 상호작용에서 에너지를 얻는 경우가 있다는 것이다. 이는 외향인으로 바뀐 것이 아니라 그들 안에 '내재된 외향성'이 발휘되는 순간으로 볼 수 있다. 예를 들어, 내향적인 사람이 관심 있는 주제나 환경에서 예상치 못하게 외향성을 드러내는 경우가 있다. 자신의 취미와 관련된 행사에서 처음 만난 사람들과 자연스럽게 대화를 나누며 활력을 얻는 순간이 바로 그러하다. 이러한 경험은 내향인이 특정 조건에서 내재된 외향적 성향을 드러내며 상호작용을 통해 에너지를 얻는 독특한 사례다.

결국, 외향인과 내향인은 각기 다른 방식으로 에너지를 충전한다. 외향인은 사람들과의 상호작용에서 얻는 긍정적 피드백과 활발한 활동을 통해 도파민과 옥시토신이 활성화되며 활력을 얻고, 내향인은 혼자만의 집중과 깊이 있는 경험에서 세로토닌과 아세틸콜린의 작용을 통해 안정과 충만함을 느낀다. 또한, 내향인은 특정한 조건에서 내재된 외향성이 발현되어 대중과의 상호작용에서도 에너지를 얻을 수 있다. 이러한 사례는 외향성과 내향성의 보상 시스템이 어떻게 다르게 작용하는지를 보여 주며, 성향의 구분을 보다 유연하게 이해하도록 돕는다.

◆
내향인의 도파민 활용법

외향인 친구들은 한 번 갔던 모임을 또 가고, 같은 장소에서 또 다른 만남을 기대한다. 반면 내향인은 "이미 한 번 해 본 경험인데, 굳이 다시 할 필요가 있나?"라는 생각이 들 때가 많다. 익숙한 경험이 또 다른 자극으로 연결되지 않기 때문이다. 이 차이를 단순한 성격 차이로만 설명할 수 있을까?

리처드 A. 데퓨Richard A. Depue와 위 푸Yu Fu가 2013년에 코넬 대학교에서 발표한 연구는 이 질문에 뇌과학적 실마리를 제공한다. 이들은 인간의 '보상 예측 시스템'이 성향에 따라 어떻게 달리 작동하는지 파악하기 위해, 도파민 시스템을 중심으로 실험을 설계했다.

연구 참가자들은 실험군과 대조군으로 나뉘었다. 실험군에는 ADHD 치료제로 알려진 리탈린Ritalin이라는 약물을 투여했다. 이 약물은 뇌의 도파민 농도를 인위적으로 높여, 즐거움과 동기를 유도하는 신경화학적 상태를 만들어 낸다. 이후 모든 참가자는 실험실에서 특정한 환경 자극(예컨대 열대우림 배경의 영상, 축구 경기 비디오, 음악, 색채, 분위기 등 시청각 자극) 속에서 긍정적인 감정을 유도하는 활동을 경험했다.

연구의 핵심은 단순히 도파민 수치가 얼마나 올랐는지를 보는 것이 아니었다. 도파민 상승이 특정 환경 자극과 얼마나 강하게 정서적 연결associative conditioning을 형성하는지, 즉 '이 환경은 나에게 즐겁다' '다시 경험하고 싶다' 같은 기대감과 보상의 연합이 형성되었는지를 분석하는 데 있었다(파블로프의 조건반사적 연결과 같다).

놀라운 결과가 나왔다. 리탈린을 투여한 모든 참가자의 도파민 수치는 유사하게 상승했지만, '즐거운 기억'으로 조건화한 정도는 성향에 따라 명확히 달랐다. 외향적인 사람들은 리탈린 투여가 중단된 이후에도 여전히 그 환경에 대해 강한 정서적 연결을 유지했다. 감정-환경 연결을 통해, 도파민 자극 없이도 해당 공간을 '다시 오고 싶은 곳'으로 기억한 것이다. 반면, 내향인은 도파민 자극이 사라지자 긍정적인 감정 반응 역시 거의 사라졌다. 같은 자극을 경험했음에도 그 감정을 환경에 연결하지 못한 것이다.

왜 이런 차이가 생겼을까? 핵심은 내향인과 외향인의 '해석 방식'에 있다. 도파민 수치가 상승했을 때, 외향인은 이 신경화학적 각성을 쾌감과 기대감으로 해석하고 그 자극원을 곧바로 자신을 둘러싼 주변 환경과 연결한다. '좋았어! 또 하고 싶어!'라고 생각하는 것이다. 그러나 내향인의 경우, 이 도파민의 각성을 종종 불편함

혹은 불안으로 인식한다. 도파민 상승 자체가 지나치게 각성된 상태로 느껴지기 때문에, 오히려 그 자극을 회피하고 싶어지고 이 환경을 '즐거움'으로 연결하지 못한다. 한마디로, 도파민 수치의 상승은 내향인에게 쾌감이 아니라 과잉자극으로 다가올 수 있다.

이로 인해 내향인은 한 번 경험한 활동을 반복하고자 하는 동기가 낮아진다. 이미 한 번 겪은 자극적 환경은 내적으로 감당하기 벅찬 상태로 각인되었기 때문에, 다시 그 장소에 가고 싶지 않은 것이다. 이러한 현상은 단순한 취향 문제가 아닌 신경생리학적 반응의 차이로 설명된다.

이 연구는 우리가 흔히 보는 내향인의 특성(반복되는 모임에서 쉽게 피로해지거나, 자극적인 환경을 피하고, 익숙하고 조용한 환경을 선호하는 성향)이 단순한 성격 탓이 아니라, 도파민 시스템이 자극을 처리하고 학습하는 방식의 차이 때문임을 보여 준다. 중요한 점은 내향인이 도파민 자극에 둔감한 것이 아니라, 오히려 더 민감하지만 그 자극을 환경에 효과적으로 연결하지 못한다는 데 있다.

외향인은 보상 경험을 환경과 연결해 반복적 동기로 발전시키지만, 내향인은 그만큼의 동기 강화가 일어나지 않기 때문에 반복 활동에 대한 선호가 약하다. 결과적으로, 내향인은 반복되는 사회적 자극에서 에너지를 얻기보다는 쉽게 소진된다.

데퓨는 이 차이를 민감성 문제가 아니라 동기 체계의 구조적 차이로 설명한다. 도파민이 얼마나 분비되었는지보다 중요한 것은, 그것이 어떤 방식으로 해석되고 어떤 기억이나 감정과 연결되는지를 아는 것이다. 외향인은 도파민 자극을 구체적인 환경 및 사건과 강하게 연결한다. 그만큼 환경 지향적이기도 하다. 이로 인해 반복 행동과 외부 지향적인 삶으로 나아가게 된다. 반면 내향인은 그러한 연결 고리가 약해 반복보다는 깊은 내적 탐색과 정보 정리, 성찰 중심의 반응을 택하게 된다.

따라서 내향인은 '반복을 즐기지 않는 사람'이 아니다. 자극에 대해 '다르게 학습하는 사람'이다. 외향인은 반복되는 보상과 행동을 연결해 에너지를 얻지만, 내향인은 그런 연결 고리가 희미한 대신 자극을 내면화하고 조용한 환경에서 자신만의 방식으로 소화해 나간다. 반복될수록 피로해지고, 자극이 축적될수록 소진된다. 그래서 내향인은 예측 가능하고 조용한 환경에서 자기 에너지를 유지하고, 정보와 감정을 차분히 정리한다.

이 연구는 내향인이 스스로를 이해하는 데도 중요한 메시지를 전한다. "나는 왜 모임을 싫어할까?"라는 질문에 대해 "내가 사회성이 부족해서"라고 자책하는 대신 "내 뇌는 이런 자극을 보상과 연결하기 어렵기 때문이야"라고 해석한다면, 자신에게 맞는 삶의 방식에 집중할 수 있고 불필요한 죄책감에서 자유로워질 수 있다.

게다가 내향인은 도파민 외에도 세로토닌, 옥시토신, 아세틸콜린 같은 다른 신경전달물질에 더 잘 반응하는 경향도 있다. 이들은 관계의 깊이, 안정감, 의미, 감정 조율과 관련된 물질이다. 내향인은 바로 이런 내부 조화와 감정적 통합에 더 민감하고 능숙하다.

데퓨와 푸의 연구는 내향인의 독특한 뇌 작동 방식을 과학적으로 설명해 주며, '내향성'을 단순한 성격이 아니라 신경생물학적 다양성으로 바라보게 한다. 그리고 그것은 내향인이 자유와 자기 이해를 얻고 자기 방식의 삶을 설계하기 위한 강력한 기반이 된다.

즉 외향인은 도파민을 환경과 연결해 반복의 동기를 얻고, 내향인은 그 자극을 환경 대신 내면에 담아 소화하려 한다.

에너지 방향 테스트

당신은 자기 에너지의 방향을 잘 알고 있는가? 다음 열 개의 질문을 통해 에너지의 흐름과 집중력, 행동 방식을 파악하고 자신이 어느 유형에 가까운지 알아보자. 이 질문들은 내향성과 외향성이 일상에서 어떻게 나타나는지를 구체적으로 이해하는 데 도움을 줄 것이다.

❶ 사회적 상호작용 후 에너지가 충전되는가, 소진되는가?
외향형은 사회적 상호작용 후 에너지가 충전되고, 내향형은 소진되는 경향이 있다.

❷ 문제를 해결할 때 혼자 깊이 고민하는가, 아니면 대화를 통해 아이디어를 얻는가?
내향형은 혼자 생각하는 것을 선호하고, 외향형은 타인과 논의하면서 해결책을 찾으려 한다.

❸ 감정을 즉각적으로 표현하는가, 아니면 숙고한 후에 표현하는가?
외향형은 즉각적으로 감정을 드러내고, 내향형은 차분히 숙고한 후에 표현하려 한다.

❹ 전화보다는 문자가 더 편한가?
내향형은 주로 문자가 더 편하다고 느끼고, 외향형은 즉각적인 소통이 가능한 전화를 선호하는 경우가 많다.

❺ 자유 시간에 혼자 있기를 선호하는가, 아니면 사람들과 함께 시간 보내기를 선호하는가?
내향형은 혼자 있는 시간은 즐기고, 외향형은 사람들과 함께 시간 보내기

를 좋아한다.

❻ 집중력이 높아지는 환경은 조용한가, 아니면 활기찬가?
내향형은 조용한 환경에서 집중력이 높아지고, 외향형은 활기찬 환경에서 집중력을 발휘하는 편이다.

❼ 상황을 먼저 관찰하고 신중하게 접근하는가, 아니면 바로 행동에 나서는가?
내향형은 상황을 먼저 관찰하고 신중하게 접근하며, 외향형은 즉각적으로 행동하고 상황에 빠르게 적응한다.

❽ 생각을 말로 먼저 풀어내는가, 아니면 마음속에서 충분히 정리한 후 말하는가?
외향형은 말하면서 생각을 정리하고, 내향형은 마음속에서 충분히 정리한 후 말로 표현하려 한다.

❾ 자신의 감정이나 생각을 쉽게 표현하는가, 아니면 시간과 준비가 필요한가?
외향형은 감정과 생각을 쉽게 표현하고, 내향형은 충분한 시간과 준비를 통해 표현하려 한다.

❿ 다양한 사람과 만나기를 즐기는가, 아니면 소수의 깊이 있는 관계를 선호하는가?
외향형은 다양하고 폭넓은 인간관계를 즐기고, 내향형은 소수의 깊은 관계를 선호한다.

내향성은 강력한 정신 에너지이자 무기다.

하지만 그 힘을 이해하지 못하고 잘 다루지 못하면,

그 칼날은 바깥이 아니라 안으로 향해 자기를 찌른다.

내향성은 통찰이 되기도, 생지옥이 되기도 한다.

Chapter 2

타인과의 관계가
지옥이 되는 이유

인간관계가 자꾸
수렁에 빠진다면

Chapter 2 타인과의 관계가 지옥이 되는 이유

어떤 상황에 처했을 때, 이에 대해 혼자 깊이 생각하고 타인에게 공감하는 능력이 뛰어난 내향인은 그만큼 인간관계를 유지하는 것도, 자신의 감정을 처리하는 것도 어려워한다. 내향인이 겪는 이러한 문제는 타고난 성향과 그에 따른 심리적, 신경학적 특성에서 기인한다.

그렇다면 어떻게 해야 내향인들이 인간관계에서 발생하는 문제를 해결하고 자신의 감정을 다스릴 수 있을까? 여러 사례를 통해 구체적으로 살펴보자.

◆
자꾸 지치고 소모되는 기분이 들 때

내향인은 보통 가족에게 헌신적이며, 타인의 요구를 거절하기 어려워하는 편이다. 또한 사람에게 의지하기보다는 독립적인 성향이어서 자주 개인주의적으로 보이지만, 사실 자신의 책임과 할 일에 민감하다. "필요한 사람이 되자"라는 모토가 내향인의 성향과 잘 들어맞는다. 실제로 그들은 타인의 기대를 충족하기 위해 자신을 희생하는 경우가 많다. 나아가 자신의 헌신과 희생을 어느 정도 당연하고 마땅한 것으로 인식하기도 한다.

문제는 이 과정에서 그들의 헌신이 '착취당하는' 것처럼 느껴질 때다. 가족들이 내향인의 헌신을 당연시하고 지나치게 요구할 때, 아무리 이타적인 성향의 내향인이라도 지치고 소모되는 기분을 느낄 수밖에 없고, 이는 관계의 어려움으로 번지게 된다. 구체적인 사례로 한번 살펴보자.

> 은정 씨는 항상 가족이 필요한 것부터 먼저 챙기는 사람이었다. 부모님이 부탁하면 무슨 일이든 언제나 최선을 다했고, 형제들이 어려운 일을 겪을 때마다 자신이 돕는 것이 당연하다고 생각했다. 하지만 시간이 지날수록 가족의 지속적인 요구에 자신이

착취당하고 있다는 느낌을 받기 시작했다. 더 심하게는 '소모품 취급'을 당하는 것 같기도 했다. 정작 은정 씨가 필요한 것을 이야기하면 가족들은 가볍게 무시하거나 외면했다. 이런 경험이 반복되면서 은정 씨는 점차 가족과 떨어져 지내고 싶다고 생각하게 되었다.

프로이트가 제시한 '초자아Superego' 개념은 이러한 내향성의 구조를 더욱 정교하게 이해할 수 있는 틀을 제공한다. 초자아란 사회적 규범, 도덕, 부모의 기대와 같은 외부의 목소리가 내면화되어 형성된 자아의 일부분이다. 이는 우리가 스스로를 통제하고, 옳고 그름을 판단하며, 죄책감을 느끼도록 하는 정신적 감시자 역할을 한다.

내향인의 심리 구조에서 초자아의 영향이 강하게 작용하면, 타인의 기대를 충족하려는 압박감이 커진다. 이로 인해 자신의 헌신이 당연하게 여겨지는 상황을 맞닥뜨리면 '심리적 소모'를 경험한다. 또한 생각이 깊고 타인의 필요에 민감하게 반응하는 성향은 타인의 요구에 쉽게 이입하는 역할을 한다. 그 결과 자신의 욕구보다 타인의 감정을 우선하게 되고, 타인을 위해 자신의 에너지를 과도하게 소비하는 패턴이 형성되기 쉽다. 이 과정에서 형성되는 무의식적인 억압은 본래의 자기 욕망을 누르고 '좋은 사람'이 되기 위한 자기 통제로 이어지기도 한다. 내향형 성향이 강한 사람일수록 이러한 초자아의 메시지를 더 깊고 진지하게 받아들이는 경향이 있으며, 이는 때때로 스스로를 지나치게 엄격하게 대하는 내면의 갈등으로 이어질 수 있다.

이러한 초자아와 억압의 상호작용은 단순히 성격의 문제가 아니라 정신 에너지의 흐름과 사용 방식, 그리고 정서적 회복력에도 깊이 영향을 미친다. 그러므로 내향인의 에너지 충전 방식과 감정 소모 패턴을 이해하기 위해서는 초자아의 작용과 그로 인한 내적 긴장까지 함께 살펴보는 것이 중요하다.

이처럼 내향인은 대개 공감 능력이 뛰어난 편이다. 생각을 많이 하고 이면을 분석하려는 기질적 성향에서 '거울 뉴런Mirror Neuron'이 잘 발달하고 활성화되기 때문이다. 공감과 연관된 신경 네트워크가 활성화되면 타인의 감정에 민감하게 반응하고, 그 감정을 마치 자신의 감정처럼 느끼는 경우가 많다. 가족 구성원으로서 지속적인 헌신을 해 온 은정 씨는 큰 부담을 갖게 되었고, 자신이 착취당한다는 느낌을 버릴 수 없어 심리적 소모를 느끼고 결국 가족과 떨어져 지내고 싶다는 고민을 하게 된 것이다.

◆ 새로운 친구를 사귀기 어려운 이유

내향인은 서로 깊이 마음을 터놓을 수 있는 소수의 관계를 선호지만, 도리어 친구가 별로 없는 사람이라고 오해를 불러일으킬 수 있다. 새로운 사람을 만날 때 쉽게 마음의 벽을 세우는 경향도 있기에, 친구를 새로 사귀는 데 어려움을 겪는다. 내향인이 친구 관계에서 자꾸 심리적인 벽을 세우는 주된 이유는 새로운 관계에서 오는 부담과 에너지 소모를 피하고 자신을 보호하려는 성향 때문이다. 아래 사례를 통해 더 구체적으로 살펴보자.

> 지훈 씨는 친구들과 함께하는 모임에서 항상 조용한 편이었다. 그는 사람들과 어울리는 것 자체는 좋아했지만, 새로운 사람들과의 관계에서 깊은 대화를 나누는 것이 쉽지 않았다. 사람들은 지훈 씨가 그들에게 보이지 않는 벽을 세우고 있다는 느낌을 받았고, 지훈 씨도 그들이 자신을 이해하지 못한다고 느끼며 더 거리를 두게 되었다. 그렇게 모임은 끝까지 이어지지 못한 채 흐지부지되었고, 지훈 씨는 자신에게 문제가 있는지 고민하기 시작했다.

내향인은 안전감을 유지하고 자신의 에너지를 보존하기 위해 감정적인 벽을 세우는 경향이 있다. 실질적인 마음의 '울타리'를 만드는 것이다. 이는 새로운 사람들과의 관계에서 자신을 보호하기 위한 무의식적 방어기제로 작용하며, 때로는 외로움이나 오해를 불러온다. 내향인의 이러한 거리 두기 습성은 자기 관리와 자기 보호의 한 형태로 볼 수 있다. 이를 통해 에너지를 절약하고 감정적으로 소모되지 않으려고 하는 것이다. 그러나 이러한 벽은 때로 인간관계에서 단절감을 느끼게 할 위험이 있다.

◆
타인의 평가에 민감한 내향인

내향인은 타인의 평가에 민감하게 반응하며, 종종 이를 두려워하여 자신의 역량을 충분히 발휘하지 못하곤 한다. 주목받는 것이 두려워 타인에게 자리를 내주고 자신은 뒤로 물러나는 경향도 있다. 성공하고 싶어서 싸우거나 질투하는 상황에 대해 두려움도 갖고 있기 때문에, 이런 상황에서 적극적으로 사람들과 부딪치며 문제를 해결하기보다는 자신의 영역을 좁히거나 제한하기도 한다. 말하자면 '마주치기'를 피하는 방식으로 문제를 해결하려고 하는 셈이다. 자신을 드러내는 공격적인 방식보다는 수세적이고 방어적인 방식을 선호한다.

직장인인 수진 씨는 업무 중 회의 시간에 좋은 아이디어가 있어

도 그 아이디어를 쉽게 말하지 못했다. "내 의견이 틀리면 어쩌지?"라는 부정적인 생각에 사로잡혀, 결국 다른 동료들이 자신과 같은 아이디어를 발언하는 모습을 조용히 지켜보기만 했다. 수진 씨는 자신이 주목받는 상황이 불편했고, 이 때문에 자신의 업무 역량을 제한하고 다른 사람에게 어필하지 못해서 승진의 기회를 놓치는 경우가 많았다.

내향인은 타인의 평가에 대한 두려움으로 인해 자신을 과소평가하고 기회를 놓치는 경향이 있다. 내향인은 타인의 생각과 태도에 매우 민감하며 이것에 예민하게 반응하기도 한다. 타인의 반응을 쉽게 자기 참조적으로 해석하고 이를 자신의 가치와 연결하려는 성향이 강하기 때문에, 타인의 부정적인 평가를 더욱 두려워하는 것이다.

또한 앞서 이야기한 것처럼 내향인은 질투에 취약하기 때문에, 타인과의 비교를 통해 자신을 평가하는 과정에서 자신이 가진 공격성을 억압하는 쪽을 택한다. 이를 내면화함으로써 오히려 내적 두려움을 크게 발전시키는 것이다. 사람들의 주목을 받는 것에 대한 처벌적 두려움과 타인에게 자리를 양보하려는 성향은 내향인이 스스로의 행동을 제한하게 만든다. 이러한 성향은 역질투와 좌절감을 일으키기도 하며, 자신의 가능성을 충분히 펼치는 데 방해가 되는 요소다.

◆ 감정에 깊이 휩쓸리는 내향인

내향인은 타인의 평가와 감정에 민감하게 반응한다고 했는데, 때로는 그 감정에 깊이 휩쓸리기도 한다. 이는 타인의 감정을 자신의 것처럼 느끼며 감정적으로 소모되기 쉬운 특징 때문이다. 아래 사례를 살펴보자.

> 예진 씨는 친구가 사랑하는 사람과 이별해서 힘들어할 때, 그 친구의 슬픔을 자신도 똑같이 느끼며 함께 아파했다. 친구를 위로하려 노력했지만, 점점 자신도 무기력해지고 지쳐 가는 것을 느꼈다. 타인의 감정을 받아들이는 과정에서 예진 씨는 자신을 돌보지 못했고, 결국 우울증에 걸려 심리적으로 힘든 시기를 보내게 되었다.

내향인은 종종 '감정의 동일시identification'라는 성향을 보인다. 이것은 단순한 공감 능력과는 다르다. 보통의 공감은 '저 사람이 이런 기분이겠구나' 하고 이해하는 데 머물지만, 감정 동일시는 그보다 훨씬 깊다. 단순히 타인의 감정을 읽는 수준을 넘어, 그 감정을 자기 안으로 끌어들여 실제로 함께 살아 내는 방식이다. 그래서 친구가 불안해하면 덩달아 나도 마음이 조여 오고, 누군가가 기뻐하면 나도 모르게 가슴이 벅차오르는 경험을 하게 된다.

이런 현상은 '감정 전염emotional contagion과 '감정 조율emotional attunement'이라는 개념으로 설명할 수 있다. 감정 전염에 관한 초기 연구들은 타인의 표정이나 말투, 몸짓을 무의식적으로 모방하면서, 그 정서 상태까지 전염되는 과정을 보여 주었다. 사회심리학자 일레인 해트필드Elaine Hatfield는 이를 "거울처럼 비추듯 따라 하며, 감정이 마음속으로 스며드는 현상"이라고 설명하며, 감수성이 예민한 사람일수록 이 전염 효과가 더 크게 나타난다고 했다.

감정 조율은 정신과 의사이자 정신분석가 대니얼 스턴Daniel Stern의 유아 연구에서 깊이 조명된다. 그는 부모가 아이의 감정을 단순히 관찰하는 데 그치지 않고, '느끼면서 맞추는' 방식으로 반응해야 한다고 보았다. 아기의 웃음에 부모가 미소로 응답하고, 불편함에 울음을 터뜨릴 때 목소리와 표정으로 반응해 주는 순간, 아이는 '내 감정이 받아들여질 수 있구나'라는 안정감을 얻는다. 이런 경험은 이후 타인의 감정을 다루고 자기 감정을 조율하는 능력의 기초가 된다.

하지만 내향인의 경우, 어린 시절 이러한 정서적 맞춤이 부족

했거나 과잉 동조 또는 억압을 경험했다면 어려움이 생긴다. 감정은 잘 느끼지만 자신의 감정과 타인의 감정을 구분하는 힘이 약해져, 쉽게 휘말리고 병리적 동일시pathological identification에 빠지기 쉽다. 실제로 내향인은 타인의 감정을 단순히 읽는 데 그치지 않고 그 감정의 결을 자기 안에서 되살리는 경향이 있다. 그 결과 이 감정이 자신의 것인지 타인의 것인지 헷갈리거나, 이유를 알 수 없는 피로감에 시달리기도 한다.

특히 정서적 경계가 약할수록 타인의 감정이 깊이 들어와 자기 감각까지 왜곡될 수 있다. '나는 왜 남의 기분에 이렇게 흔들릴까?'라는 고민은 이미 경계가 허물어졌다는 신호다. 게다가 책임감이 강하고 공감 능력이 뛰어난 내향인은 타인의 고통에 몰입하고 문제를 대신 해결해 주려다가 자기 감정과 욕구를 뒤로 미루곤 한다. 결국 감정이 쌓여 어디까지가 나의 진짜 마음인지 알기 어려워진다.

내향인의 감정 동일시는 단순히 예민해서가 아니라 정서적 공명 능력이 크기 때문에 나타나는 현상이다. 덕분에 깊은 공감과 세심한 배려, 통찰력을 발휘할 수 있지만, 경계가 무너지면 정서적 소진과 혼란으로 이어진다. 그래서 감정을 구분하고 조절하는 힘, 즉 정서적 바운더리(경계)를 세우는 일이 무엇보다 중요하다.

타인의 감정을 느끼고 이해한다고 해서, 내가 책임져야 하는 것은 아니다. 경계의 본질은 물리적 거리가 아니라 심리적 거리 두기에 있다. 내가 어디까지 개입할 수 있고, 어디서부터 물러나야 하는지 스스로 알아차릴 때, 감정 소모를 멈추고 자기 감정의 균형을 지켜 낼 수 있다.

◆ 감정적 경험을 반복해서 곱씹는 내향인

여러 번 반복해서 이야기하고 있지만, 내향인은 자신의 감정을 깊이 들여다보며 반추하는 경향이 있다. 이 과정에서 그 감정에 지나치게 몰입하여 객관적인 판단을 내리기 어려워지기도 한다. 종종 합리적인 생각을 잃어버릴 수도 있다. 특히 자신을 자책하는 생각에 빠져들면 그로부터 빠져나오는 것이 매우 어렵다. 감정적으로 깊이 몰입한 상태에서 자기 합리화가 더해지면 상황을 객관적으로 보는 것 또한 더욱 힘들어진다.

내향인은 감정적 경험을 반복해서 곱씹고, 이를 통해 의미를 찾으려고 한다. 이러한 반추 경향은 내적 감정에 과몰입하면서 결합되어, 내향인이 감정의 소용돌이에서 벗어나기 어려운 주요 원인이 된다. 또한 내향인은 과잉된 생각을 하는 특성 또한 가지고 있어서, 감정과 생각이 맞물리면서 상황을 더욱 복잡하게 만들기 쉽다. 아래 은호 씨의 사례를 살펴보자.

> 은호 씨는 연인과의 갈등 후 자신의 감정을 계속해서 반추했다. "내가 왜 그때 그렇게 말했을까?" 하는 생각이 은호 씨의 머릿속을 떠나지 않았다. 결국 은호 씨는 갈등의 원인을 객관적으로 바라보지 못하고 자신의 감정에만 몰입한 나머지 연인과의 문제를 해결할 기회를 놓친 채 이별하고 말았다.

자신의 감정을 탐색하고, 때로는 그 감정에 몰입하여 이성적인 판단을 내리지 못하는 내향인은 곤란한 상황에 처하기가 쉽다. 은호 씨의 경우에서처럼 자기 반추와 자책의 결합은 감정을 소모시키며, 상황을 더욱 악화시켜 돌이킬 수 없는 상황으로 몰고 간다. 나아가 감정에 몰입하는 동시에 이를 스스로 합리화하려는 시도까지 더해지면, 객관성을 잃게 되고 문제를 해결하는 데 걸림돌만 될 뿐이다.

◆
방어기제로 아무 감정을 못 느끼는 내향인

내향인은 감정적인 고통을 피하기 위해 자신의 감정을 억제하거나 삭제deletion하는 방어기제를 사용할 수 있다. 이러한 방어는 감정을 무의식적으로 억누르고, 그로 인해 감정적으로 무감각해지는 결과를 초래한다.

> 태호 씨는 팀 회의 중 발표 실수를 했고, 상사에게 공개적으로 지적을 받았다. 그는 그 상황을 매우 이성적으로 해석했다. "실수는 누구나 할 수 있고, 상사의 말도 일리 있어. 빨리 수정하고 다음에는 더 잘해야지."
> 그러나 문제는 그 후였다. 며칠이 지나도 자신의 실수 장면이 자꾸 머릿속을 맴돌았고, 업무에 대한 의욕이 뚝 떨어졌다. 몸이 무거워지고, 무기력감이 커졌으며, 일상적인 일조차 버거워졌다.
> 상담 중 태호 씨는 이렇게 말했다. "이상하죠. 그때 감정이 떠오르지 않아요. 그냥 상황만 계속 생각나요. 무슨 기분이었는지 잘 모르겠어요."

태호 씨는 그 순간 불안, 부끄러움, 실망 등의 감정을 느꼈을 가능성이 높다. 그러나 감정은 무의식적으로 삭제되었고, 상황에 대한 이성적 정리만 남았다. 겉으로는 차분해 보이지만 사실은 너무 아파서 감정을 없애 버린 것처럼 행동하는 방어기제의 전형적 사례다. 감정이 사라진 것이 아니라 고통을 피하기 위해 '지워 낸' 것이다.

내향인은 확실히 외향인보다 자기 생각과 감정 표현에 약한 경향이 있다. 감정을 명확히 드러내기보다는 생각으로만 처리하려는 경향이 강하다. 이처럼 사고 중심으로 경험을 다루는 내향적 성향은, 고통스러운 감정에 직면했을 때 그것을 더욱 억압하는 방향으로 흘러가게 된다. 감정을 억누르는 것은 일종의 자기 보호 방식이지만, 억압이 지속되면 감정 자체가 삭제되는 단계로 이어질 수 있다.

왜 자신의 감정을 둔감하게 만들까? 고통스러운 감정을 계속 느끼면 생존 자체가 어렵다고 무의식이 판단한 결과다. 감정을 실질적으로 처리하고 해결할 수 없는 상황에서, 가장 효과적이고 현실적인 방법은 그 감정을 줄이거나 없애는 것이다. 마치 정신적 마취나 마비와도 같다.

이러한 방어기제는 단기적으로는 내향인을 보호해 주지만, 장기적으로는 감정적 성장을 방해하고 삶의 질을 저하하는 결과를 초래할 수 있다. 결국, 감정을 통해 세상을 경험하고 자신을 이해할 기회를 상실하기 때문이다.

내향인이 만나기 쉬운
세 가지 위험 요소

Chapter 2 타인과의 관계가 지옥이 되는 이유

Quiet People

　인생을 살아가면서 어떤 장애물이나 함정 또는 늪에 한 번도 빠지지 않을 수 있을까? 나를 방해하는 인생의 지뢰와 함정을 제거한다면 좀 더 편하게 살아갈 수 있겠지만, 현실적으로 방해하는 모든 것을 전부 없애기란 불가능하다. 게다가 이런 방해물들은 처음부터 잘 보이는 것도 아니다. '이렇게 생긴 것이 함정이구나' 하고 그 위험을 미리 인식할 수만 있어도 인생의 큰 화는 면할 수 있을 것이다.

　사람에겐 누구나 취약점이 있다. 그렇다면 내향인은 어떤 것에 특히 취약할까? 흥미롭게도 내향인을 장애물에 빠뜨리는 요소들은 모두 내향인이 가진 '장점'에서 출발한다. 자기 성찰적이고 반추적인 사고 성향, 매사에 신중하고 관찰 모드에 깊이 빠지는 조심스러움, 이왕이면 제대로 끝까지 하려는 책임감 등이 도리어 삶의 장애가 될 수 있다.

다음 상황을 한번 생각해 보자.

모임에서 함께 대화를 나누던 A가 갑자기 "아, 배고파"라고 말했다. 이때 어떻게 반응할 것인가? 보통은 'A가 지금 배가 고프구나' 정도의 생각을 가지고 적당한 이해와 공감 반응을 보일 것이다. 하지만 'A는 왜 배가 고플까?'라고 그 맥락을 이해하려 한다면 이는 단순한 반응 이상이다. 여기서 그치지 않고 'A의 허기짐을 내가 해결해 줄 방법은 없을까? 빵이나 라면 같은 간단한 음식을 주어야 하나?'라고까지 생각한다면, 이는 공감을 넘어 적극적인 배려를 실천한 것이다. 더 나아가 'A는 왜 나에게 배고프다고 하는 것일까'라고 눈에 보이지 않는 의도까지 궁금하다면, 과잉 반응이라고 볼 수 있다.

생각이 꼬리에 꼬리를 무는 전개는 사람마다 관계의 특성과 상황에 따라 상당히 다르게 나타난다. 기본적인 공감 능력이 있고 타인에게 관심이 있는 사람들은 가까운 사람의 행동에 '반응'만 보이게 마련이다.

하지만 내향인과 외향인 사이에는 분명 차이가 있다. 외향인에게는 잘 나타나지 않지만, 내향인에게 익숙한 사고 전개 과정은 이러하다. A가 "배고파"라고 말했을 때, 내향인은 단순히 그가 배가 고프다고 이해하는 데서 그치지 않는다. 내향인은 대인 관계나 여러 사회적 상황 속에서 더 깊고 복잡하게 사고하는 경향이 있다. 그래서 'A가 배고파하는구나(인식) → 빵이나 라면이라도 주어야 하나(느낌이나 생각) → 행동' 순서로 바로 이어지지 못하고 'A는 왜 배가 고플까? 왜 나에게 배고프다고 말하는 것일까? 지금 어떤 음식을 주어야 A가 좋아할까?'라는 생각까지 나아간다. 이처럼 내향인은 타인의 행동을 보고도 '나'에 대한 이야기로 끝난다.

또한 내향인은 "배가 많이 고프구나?"라며 관심을 보이면서도 바로 행동으로 반응하지 않는 편이다. 주고 싶은 음식이 있더라도 즉각적인 반응을 미루면서 "많이 배고픈 것 같은데, 여태 밥도 못 먹은 거야?" 하며 그 사람과 밀착해 기분을 먼저 살핀다. 대개 내향인이 좀 더 다정하고 배려심 있다고 여기는 것은 바로 이러한 내향인의 특성 때문이다.

'자신과 연관 지은 생각'으로 곧잘 빠지는 내향인의 경우에는 이 상황을 훨씬 복잡하게 생각하기도 한다. '나한텐 배고프다고 한 것을 보면 분명 무언가 먹을 것을 달라는 뜻이겠지?' '무엇을 주어야 좋아할까? 방금 먹다 남은 빵이 있긴 한데, 그냥 주어도 될까? 괜히 주었다가 먹던 것을 주냐며 핀잔만 듣는 것은 아닐까?' '그러면 편의점에서 뭐라도 사 와야 하나?' 등등 자신만의 생각의 늪으로 빠지면서 배고파하는 A에게 반응해야 하는 타이밍까지 놓칠 수 있다. 만약 바로 옆에 있던 다른 외향인이 배고픈 A에게 먼저 먹을 것을 건네면, 상대적으로 자신은 센스가 없거나 굼뜬 사람으로 오해를 받을 수도 있다. 혹은 A와 가까운 사이였다면, 무심한 사람이라며 엉뚱하게 갈등을 겪는 불상사가 생길지도 모른다.

평소에 최대한 A에게 잘 보이고 싶고, 이참에 좋은 음식으로 대접하고 싶은 욕심이 솟구친 내향인이라면 "잠깐 기다려 봐, 내가 널 위해 금방 맛있는 음식을 해 줄게"라며 다소 과한 수준으로 대응하거나 의욕에 넘친 나머지 상대를 오히려 불편하게 만들지도 모른다. 이렇게 하면 자신의 의도와는 다르게 어색한 상황으로 바뀔 수 있다. 상대에게 잘해 주려는 마음에서 비롯된 행동이었지만, 도리어 상대에게 부담감을 안기는 상황을 만들어서 속상한 일을 겪거나 마음의 상처를 받을 수 있다. 이는 약간 과장된 묘사일 수도 있다. 하지만 많은 내향인이 일상생활 속에서, 또는 다른 사람과의 관계 속에서 종종 겪는 일이다.

그렇다면 내향인이 자주 만날 수 있는 위험 요소는 무엇이 있을까? 대표적인 위험 요소 세 가지를 하나씩 천천히 살펴보자.

모든 것이 나 때문은 아니다:
자기 참조의 함정

Chapter 2 타인과의 관계가 지옥이 되는 이유

자기 성찰에서 관계 사고로 넘어가는 이유

내향인은 외부에서 발생하는 사건이나 상황을 자신과 연결 지어 생각하는 경향이 있다. 예를 들어, 누군가 무심코 던진 한마디도 그냥 지나치지 못하고 "내가 뭔가 잘못했나?"라고 생각하면서 깊이 고민한다. 이런 생각은 자기 참조적 사고와 관련이 있다. '자기 자신에 관한 생각'은 모두 자기 참조적이다. 자기 참조적 사고는 건강한 수준에서는 자기 성찰을 돕는 긍정적인 기능을 하며, 자신의 경험과 감정을 이해하기 위해 필요하다.

다음 문장들을 살펴보자.

- ◆ 곧 다가올 휴가(조만간 일어날 좋은 일)에 대해 생각하면서 기분이 좋아졌다.
- ◆ 어릴 적 친구와의 추억을 떠올렸다.
- ◆ 최근에 겪었던 일이 자꾸 떠오르면서 그 상황을 곱씹었다.
- ◆ 내 생각에 몰두한 채로 시간 가는 줄 몰랐다.

이 문장들은 개인이 자신의 경험이나 미래에 있을 일에 대해 깊이 생각하는 순간들을 묘사한 것이다. 만약 이런 행동을 한 번쯤 해 보았다면 자기 참조적 생각을 실행한 것이라고 볼 수 있다.

그러나 이 사고 패턴이 더 왜곡되어 발달하면, 주변의 사건들을 자신과 지나치게 연결 지어 해석하는 '관계 사고Idea of reference'로 이어질 수 있다. 관계 사고는 외부의 중립적인 사건을 자신과 관련된 것으로 잘못 해석하는 경향이 있다. 심각한 경우에는 정신병리적 상태로 발전한다. 예를 들면 조현병 초기 단계에서 이러한 관계 사고가 자주 나타나며, 도파민 경로의 과활성화와 관련 있다. 조현병 전 단계 혹은 초기에 자주 보이는 과잉 생각은, 일상적인 사건을 자신과 과도하게 연결 지어 해석하는 것이다. 조현병 환자는 길을 지나가던 두 사람이 웃는 것을 보고 "저 사람들이 나를 비웃고 있는 거야"라고 생각하거나, TV 뉴스에서 나오는 이야기를 자신에 관한 메시지로 받아들인다. 자신에게 직접적으로 관련이 없지만, 과도한 자기 참조적 사고로 인해 모든 상황을 자신과 연결 짓는 것이다.

나아가 피해망상적 성향이 있는 경우에는, 곧 다가올 휴가 계획을 떠올리다가도 "휴가 중에 무슨 일이 일어날 거야" 같은 불안을 느끼며, 특정 사건이 자신에게 해를 끼칠 것이라는 상상으로 이어질 수도 있다. 어릴 적 친구와의 추억을 떠올리면서도 그 친구가 사실은 자신에 대해 나쁘게 생각했고 배신할지 모르겠다는 식으로 기억을 왜곡하기도 한다. 최근에 겪었던 일과 연결해서 곱씹으면서 확실히 자신에 대한 음모나 공격이 맞다고 과장되게 해석할 수 있는 것이다.

자기애적 성격이 강한 '과대 사고'를 하는 경우에는 자신이 특별한 존재이거나 중요한 사명을 받았다는 등 자신에 대해 부풀려진 사고에 몰두한 채 점차 현실과 단절된 시간을 보내는 쪽으로 생각이 발전될 수 있다. 물론 조현병이 발병하는 것을 단순히 사고 패턴이 잘못되었기 때문이라고 할 수는 없다. 기본적으로 조현병은 유전적이거나 기질적인 뇌화학적 이상 요인들이 복합적으로 작용해서 나타나는 질환이다. 하지만 내향인은 이러한 사고 패턴이 과도해지지 않도록 주의해야 한다(내향적 성향이나 불안도가 높은 사람들의 발병 위험 확률이 높다는 연구도 있다).

일관성 없고 불안정한 '인지 미끄러짐'의 문제

사고 과정의 문제에서 '자기 참조적 생각'과 함께 살펴보면 좋은 현상이 '인지 미끄러짐Cognitive Slippage'이다. 인지 미끄러짐은 사고 과정에서 일관성을 잃고 불안정해지는 현상을 말한다. 이는 간단한 생각의 오류나 말이 헛나오는 것과 유사하며, 일상적으로 발생할 수 있는 현상이다.

프로이트는 이러한 현상을 '말실수slips of the tongue'라고 하며, 무의식적인 사고의 반영일 수 있다고 언급했다. 그는 "우리는 단순한 말실수라고 부르는 것에서조차 숨겨진 의도를 발견할 수 있다"라고 말하면서, 말실수를 무의식적 사고와 갈등이 표출되는 창구로 해석했다. 즉 우리의 억압된 욕망과 감정이 말실수라는 형태로 드러나며, 이는 무의식에서 일어나는 일들이 어떻게 행동과 언어로 나타나는지 보여 준다고 주장했다.

인지 미끄러짐 현상은 정신분석적 관점에서 단순한 뇌의 기질적 오류나 신경 회로의 손상으로만 보지 않는다. 오히려 무의식적 작용은 사람의 전체적인 뇌 체계와 사고 과정에까지 깊이 영향을 미친다. 프로이트의 개념에서 보자면, 무의식적 갈등과 억압된 욕망이 사고에 영향을 주어 사고 흐름의 일관성을 무너뜨리고, 결국 말실수와 같은 현상으로 표출된다. 이로 인해 마음과 몸, 특히 뇌는 긴밀하게 연결되어 있음을 알 수 있다. 무의식은 뇌의 기능에도 영향을 주어 복잡한 심리 행동을 만든다.

인지 미끄러짐 현상은 마치 내비게이션이 오류를 일으켜 잘못된 길로 안내하는 것과 비슷하다. 한두 번의 미끄러짐은 큰 문제가 되지 않을 수 있지만, 빈번해지면 사고의 흐름이 왜곡되어 명확한 결론에 도달하기 어려워진다. 처음 몇 번은 단순한 실수처럼 보일 수 있지만, 지나치게 자주 발생하면 사고의 일관성을 해치고 큰 혼란을 초래할 수 있다.

미국의 임상심리학자 폴 밀Paul Meehl은 인지 미끄러짐이 단순한 실수 이상일 수 있으며 정신병적 사고에서 자주 나타나는 특징이자 신호임을 지적했다. 조현병 성향의 기본적인 구성 요소이기에 이를 주의 깊게 관찰하고 대응하는 것이 중요하며, 이러한 인지적 취약 현상을 이해하고 관리함으로써 정신건강을 더 잘 가꿀 수 있다고 주장한다.

인지 미끄러짐은 관계 사고와도 관련될 수 있다. 어떤 사건이 발생했을 때 중립적인 일임에도 자신과 과도하게 연관 지어 생각하는 패턴으로 계속 빠지다 보면, 하나의 고정된 '인지 미끄럼틀Cognitive slide'이 형성될 수 있다. 또한 조현병 연구에 따르면 타인의 정신 상태를 이해하는 데 중요한 역할을 하는 마음 이론Theory of Mind, ToM 네트워크가 손상되어 이러한 관계 사고를 일으킬 가능성이 높다. 이 연구는 도파민 경로의 과활성과 같은 신경학적 요인이 이러한 사고 왜곡에 기여할 수 있음을 강조하며, 인지 미끄러짐을 주의 깊게 관찰하는 것이 왜 중요한지 설명한다.

밀의 이론에 따르면 인지 미끄러짐은 일종의 '슬립Slip'으로, 인간의 뇌가 특정한 상황에서 예상치 못한 방향으로 사고의 흐름을 전환시키는 것이다. 이로 인해 단어 선택에서 실수가 발생하거나, 논리적인 연결 고리가 끊어지기도 한다.

예를 들어, 전교 1등을 놓치지 않은 우등생이 시험을 앞두고 "내일 시험 잘 볼게!"라고 말하려다가 "내일 시험 못 볼 것 같아!"라고 말해 버린다면, 이는 인지 미끄러짐의 한 예라고 할 수 있다. 이는 본래 이야기하려고 했던 의도와는 다른 방향으로 사고가 흘러가 일관성을 잃은 결과다. 이처럼 인지 미끄러짐은 모든 사람에게 흔하게 발생할 수 있으며, 이를 완전히 피할 수는 없다. 이는 인간의 사고 과정에서 자연스럽게 발생하는 현상으로, 때로는 피곤하거나 스트레스를 받을 때 더 자주 나타난다.

◆
인지 미끄러짐에서 벗어나는 방법

인지 미끄러짐은 불가피하지만, 이를 잘 인식하고 관리하는 것은 중요하다.

회사에서 중요한 프레젠테이션을 앞두고 발표를 준비하는 내향적인 직장인이 있다고 가정하자. 그는 프레젠테이션에 필요한 내용을 철저히 준비했지만, 발표 도중 갑작스러운 인지 미끄러짐으로 인해 꼭 이야기해야 할 중요한 부분을 놓칠 뻔했다. 중요한 부분을 놓쳤다는 사실 자체로 그는 더 불안해지고 당황했다. 하지만 그는 인지 미끄러짐을 즉시 인지하고 "아, 제가 잠시 다른 생각을 했네요. 그 부분은 다시 설명해 드리겠습니다"라고 말하며 자연스럽게 발표를 이어 나가는 '센스'를 발휘했다. 그는 잠시 혼란스러웠지만 빠르게 자신을 복구했고, 청중에게 신뢰를 주는 동시에 자신감도 유지했다. 인지 미끄러짐을 덮으려고 하는 대신, 이를 정확하게 인식하고 공개적으로 드러냄으로써 위기를 잘 처리한 성공적인 사례다.

인지 미끄러짐은 뇌의 자연스러운 작용이며, 이를 경험하는 것은 지능과는 무관하다. 세계적인 천재들도 중요한 순간에 집중력을 잃고 어이없는 '패착'을 가져올 수 있다.

세계적으로 유명한 노르웨이의 체스 선수 망누스 칼센Magnus Carlsen도 그러한 경험을 몇 번 한 적이 있다. 유리한 상황에서 엉뚱한 말을 잡거나, 상대 선수가 오히려 의아할 정도로 불리하게 말을 움직인 경기가 있었다. 이처럼 체스 역사상 가장 똑똑하고 전략적인 선수로 알려진 칼센도 가끔 인지 미끄러짐을 겪었고, 이를 극복해 내는 모습을 자주 보였다. 그는 포커페이스를 유지하는 경우가 많지만, 실수가 명백해졌을 때는 제스처로 표현하곤 했다. 예를 들어, 경기 도중 고양이처럼 몸을 쭉 뻗는 특유의 자세를 취하거나 고개를 푹 떨구고 흔들면서 긴장을 풀기도 했다. 처음에는 이러한 제스처가 너무 노골적이어서 주위 사람들을 놀라게 했지만, 이는 그에게 인지적 전환을 일으키는 중요한 방법이었다. 이런 몸짓은 단순히 불편함을 해소하거나 실수로 인해 심약해진 상태를 드러내는 것이 아니라, 신체적으로 긴장을 풀어내며 인지적 유연성을 회복하는 데 도움이 되었다.

이처럼 인지 미끄러짐은 누구에게나 발생할 수 있으며 완전히 피할 수 없음을 이해하는 것이 중요하다. 그리고 자신의 상태를 빠르게 인식하고 신체적 긴장 완화를 통해 인지적 전환으로 연결하는 칼센의 뛰어난 복구 방법을 기억하자. 실수를 덮으려 하기보다 이를 수용하고, 몸의 반응을 통해 마음의 유연성을 회복하는 전략은 우리 모두가 적용할 수 있다. 인지 미끄러짐을 긍정적으로 활용할 수 있다면, 일상에서 벌어지는 작은 실수도 더욱 효과적으로 처리할 수 있을 것이다.

자기만의 생각에 몰두하지 않기:
미루기의 늪

Chapter 2 타인과의 관계가 지옥이 되는 이유

뇌 과학적 차이로 살펴보는 미루기의 과정

내향인은 종종 완벽하게 결정하는 데 자신의 시간을 많이 투자하는 경향이 있다. 앞서 언급한 예시를 다시 살펴보자. A가 배고프다는 말을 듣고 나는 "A에게 어떤 음식을 주어야 하지?", "지금 음식을 주는 것이 맞을까, 아니면 더 좋은 음식을 준비해야 할까?"라고 고민하면서 시간을 끈다. 신중과 관찰 모드가 오래 지속되면, 내향인은 결정을 미루다가 결국 반응해야 할 타이밍을 놓쳐 버릴 수 있다. 이처럼 중요한 순간에 행동하지 못하는 상황은 '미루기의 늪'에 빠지는 대표적인 예다. 한 상황을 너무 깊게 생각하고 분석하다 보면, 최종 행동을 하지 못하거나 타이밍을 놓쳐 상황이 악화할 수 있다.

미루는 행동은 모든 사람에게 공통으로 나타날 수 있지만, 내향인과 외향인 사이에는 과정 면에서 중요한 차이가 있다. 주로 뇌의 구조적 및 기능적 차이를 보이는데, 이는 특히 보상 시스템과 자기 조절 메커니즘에서 비롯된다고 본다.

내향인과 외향인의 뇌는 보상에 대한 반응에서 다르게 작용한다고 알려져 있다. 외향인은 도파민의 분비가 강하게 일어나는 사건과 대상을 좇고, 즉각적인 보상을 선호하는 경향이 강하다(도파민에 대한 민감성은 내향인이 훨씬 크다). 이로 인해 외향인은 즉각적인 보상이 따르지 않는 일에 대해 쉽게 동기를 잃고, 그 결과로 일을 미루게 된다.

외향적인 영수 씨는 회사에서 매일 해야 하는 데이터 입력 작업을 매우 지루하게 느꼈다. 이 작업은 큰 창의력이나 문제 해결 능력이 필요하지도 않고 그저 반복적인 입력 작업이었기 때문이다. 영수 씨는 이런 단순한 작업에서 성취감을 느끼지 못했고, 빠르게 결과가 보이지 않는 일은 자꾸 뒤로 미루었다. 그는 업무 시간을 흥미롭고 자극적인 프로젝트에 더 많이 쏟아붓는 편이었다. 한번은 보고서를 작성하는 일에 몰두하느라 데이터 입력 기한을 놓쳤다. 그는 더 흥미로운 일에 집중하고 싶다는 이유로 반복적인 업무를 미루고 다른 프로젝트를 우선시했다. 즉각적인 보상이 없는 일은 영수 씨에게 큰 동기부여가 되지 못한 것이다.

반면 내향인은 외부의 자극보다 내적인 만족감을 중시한다. 내향인이 일을 미루는 이유는 보상에 대한 즉각적인 반응이 부족해서가 아니다. 그러므로 내향인에게 더 많은 보상을 약속하는 것은 대체로 큰 효과가 없다. 동기가 부족한 것도 아니다. 오히려 일을 더 신중하게 계획하고 의미를 부여하는 과정에서 미루기가 발생할 수 있다. 내향인에게 중요한 것은 일 자체에서 느끼는 의미와 내면적인 만족이다. 그래서 내향인은 일을 시작하기 전에 충분한 시간을 두고 어떤 방식으로 일을 진행할지, 왜 이 일이 중요한지 고민하는 경향이 강하다. 이러한 계획과 성찰 과정에서 생각이 너무 많아져 일을 미루게 되는 것이다.

내향적인 수진 씨는 팀 프로젝트의 기획 단계를 맡고 있지만, 그 일에 대한 보상이나 외부의 인정보다는 일 자체가 의미 있는지를 더 중요하게 생각했다. 팀장으로부터 성공적인 프로젝트에 대한 보상이 제시되었지만, 그것은 수진 씨에게 큰 동기부여가 되지 않았다. 그녀는 보상보다는 이 프로젝트가 팀에 어떤 기여를 할지, 어떻게 하면 더 깊이 있는 결과물을 낼 수 있을지를 오랫동안 고민했다. 그 과정에서 계획을 더 구체적으로 세우느라 일을 미루게 된 것이다.

수진 씨의 경우, 일을 미루는 이유는 즉각적인 보상이 부족해서라기보다는 어떻게 일을 더 잘할지 고민하는 과정에서 발생했다. 수진 씨는 주어진 일에 의미를 부여하고 내적인 만족을 추구하는 성향 때문에 신중하게 계획을 세웠다. 보상이 주어져도 그 자체가 일의 추진력을 높이는 데는 큰 역할을 하지 않았다.

이처럼 외향인은 자극이 부족해서, 내향인은 생각이 많아서 (특히 의미를 찾는다는 면에서) 일을 미루는 방식이 다르게 나타난다.

◆
관찰 모드가 켜진 내향인의 특징

내향인의 경우, '관찰 모드'가 지나치게 오래 지속되면 외부의 흐름과 단절되어 실제로 주변 환경이 어떻게 변하는지 놓치곤 한다. 혼자서 어떤 문제에 골몰하다 함께 있던 일행이 자리를 뜨는 것을 뒤늦게 알아차리는 일도 내향인에게 더 흔하게 나타난다. 예를 들어, 내향적인 민수 씨는 카페에서 친구들과 만나 대화를 나누던 중, 특정 주제에 대한 깊은 고민과 관찰 모드에 빠져 있었다. 친구들이 이야기를 이어 가는 동안, 그는 자신만의 생각에 몰두하며 대화를 관찰하고 있었다. 하지만 민수 씨가 고민하던 문제가 어느 정도 해결되었을 때, 친구들은 이미 자리를 뜨고 없었다. 그는 자신이 생각에 빠져 주변 상황을 인식하지 못한 채 주변 사람들과의 흐름을 놓쳤다는 사실을 뒤늦게 깨달았다.

이렇게 관찰 모드에 너무 몰입하면 외부에서 일어나는 중요한 변화를 놓치는 일이 생길 수 있다. 주변의 움직임을 파악하지 못하고 자신의 생각 속에 갇히는 경우가 많아, 때로는 이런 태도가 행동으로 옮길 타이밍을 놓치는 원인이 될 수 있다. 내향인이 미루는 행동을 단순한 태만으로 보는 것은 부정확하다. 내향인은 더 나은 결정을 내리기 위해 지나치게 신중해지는 경향이 있으며, 이는 오히려 자신에게 방해가 되는 상황을 만들기도 한다. 그들은 일을 미루면서도 그것을 무작정 피하거나 게으름을 부린다고 생각하지 않는다. 오히려 더 나은 결과를 얻기 위한 방법을 찾고 있으며, 그 과정에서 분석과 고민이 길어질 뿐이다.

내향적인 지원 씨는 새로운 업무를 맡았을 때 모든 변수를 고려하고 싶어 분석에 깊이 몰두했다. 그녀는 실수 없이 완벽하게 프로젝트를 진행하고자 했고, 어떤 결정을 내리기 전에 충분히 여러 시나리오를 검토하려 했다. 하지만 그 과정에서 너무 많은 시간과 에너지를 소비하다가 실제 행동으로 옮길 타이밍을 놓치게 되었다. 프로젝트는 기한을 넘겼고, 지원 씨는 그로 인해 자신의 신중함이 오히려 해가 되었다는 사실을 깨달았다.

이처럼 내향인은 더 나은 결정을 내리기 위한 신중함을 발휘하다가 오히려 행동이 지연되는 경우가 많다. 이런 행동은 태만이나 무책임으로 해석하기보다는, 그들이 결정을 내리는 과정에서 느끼는 압박과 고민의 깊이로 이해하는 것이 더 정확하다.

내적인 깊은 몰두로 인한 외부 흐름의 단절

내향인은 완벽주의 성향을 지니고 있어, 이것이 종종 일을 미루는 원인이 될 수 있다. 완벽주의는 일을 처리할 때 기준을 높게 설정하며 이 기준에 도달하지 못할 것이라는 두려움 때문에 행동을 미룬다. 일을 완벽하게 처리하고 싶은 욕심 때문에, 도리어 준비가 부족하다고 느껴지면 실행을 미루거나 아예 포기해 버리는 것이다. 내향인들이 자주 호소하는 삶의 어려움 중 하나다. 이들은 마감 기한이 있는 일임에도 마감일을 넘기거나, 마감일이 촉박해질 때까지 계속 늑장을 부리며 일의 '디테일'에만 집착하다가 결국 일을 완성하지 못한다.

영준 씨는 회사에서 보고서 작성을 맡았다. 그는 보고서를 완벽하게 작성하고 싶다는 마음에 처음부터 디테일에 집중했다. 자료 조사부터 통계 분석까지 모든 부분을 꼼꼼하게 검토하고 수정하려는 그의 완벽주의 성향은 시간이 지남에 따라 더욱 강해졌다. 영준 씨는 보고서를 작성하는 동안 자료가 충분하지 않다, 더 좋은 문장이 필요하다는 생각에 계속해서 세부 사항을 고치고 추가하며 보고서를 미루기 시작했다. 보고서 마감 기한이 다가오자, 그는 압박감에 시달리며 아직 자료가 완벽하지 않다고 느껴 점점 더 작은 부분에 집착했다. 결국 영준 씨는 시간을 맞추지 못하고 마감일을 넘기고 말았다. 완벽한 보고서를 제출하고 싶다는 생각에 지나치게 몰두한 나머지, 전체적인 흐름과 마감 기한을 놓친 것이다.

　이러한 상황은 내향인들이 자주 겪는 딜레마 중 하나다. 이들은 작은 세부 사항에 집중하고 완벽함을 추구하다가 결국 일을 미루고 중요한 순간을 놓치는 경우가 많다. 영준 씨의 사례는 내향인이 완벽주의에 사로잡혀 오히려 실행을 미루고 성과를 내지 못한 예다. 이처럼 내향인의 완벽주의 성향은 그들이 일을 더 잘하고 싶다는 의도에서 비롯되지만, 오히려 타이밍을 놓치거나 중요한 일을 끝마치지 못하게 만드는 장애물이 될 수 있다.

　외부 환경이 어떻게 변하는지 인지하지 못하고, 자신만의 내면세계에 너무 깊이 빠져 버리기도 쉽다. 일을 미루는 또 다른 원인이기도 하다. 외부의 흐름을 놓치면 그에 맞추어 일을 조정하거나 시작하는 타이밍도 놓친다. 도미노 현상처럼 다음 상황에도 영향을 미쳐 단계마다 뒤처질 수도 있다. 그러다 보면 실제로 일을 수행하고 완성하는 동력과 동기를 잃어버릴 위험이 커진다. 그 결과 또다시 일을 미루게 되는 '악순환'에 빠질 수 있는 것이다. 그러므로 내향인은 주기적, 의식적으로 주변 환경의 변화를 인식하면서 적절하게 대응하는 것을 연습해야 한다.

신중함과 꼼꼼함 뒤의 그림자: 완벽주의의 덫

Chapter 2 타인과의 관계가 지옥이 되는 이유

너무 늦거나, 너무 성급하거나

앞에서 언급한 예시로 돌아가 보자. 만약 자신이 내향인이면서 완벽주의 성향이 강하다면, 배고픈 A에게 가장 좋은 음식을 제공하고 싶어질 것이다. 즉각적인 대응 대신 더 나은 선택을 고민하는 과정에서, 내향인은 과도하게 상황을 복잡하게 만들고 너무 큰 노력을 쏟아부으려고 하다가 오히려 상대방을 불편하게 만들 수 있다. 완벽을 추구하다가 상황을 과하게 처리해서 도리어 A가 부담을 느끼게 되는 것이다. 완벽주의는 너무 늦거나 너무 성급한(또는 너무 과한) 행동으로 이어지며 양방향으로 진행되기도 한다.

완벽주의는 두 가지의 극단적인 상황으로 나타난다.

첫째, 과도한 완벽 추구로 인한 과잉 행동이다. 내향인은 자신의 기대에 부응하기 위해 지나치게 많은 시간을 들이거나, 너무 큰 노력을 쏟아부어 작은 일에도 과도하게 반응한다. 예를 들어, 내향인은 단순히 발표 준비만 간단히 하면 되는 상황에서도 모든 세부 사항을 철저히 준비하려고 하며 작업에 몰두한다. 그렇게 하다 보면 에너지는 소진되고, 결국 다른 중요한 일들을 처리할 시간이 부족해지는 결과를 낳는다.

둘째, 반대로 실행력이 현저히 떨어지는 경우다. 내향인은 자신이 설정한 높은 기준에 도달하지 못할 것이라는 두려움 때문에 아예 행동을 미루거나 실행 자체를 포기하는 경향을 보이기도 한다. '이렇게 하면 안 될 텐데', '아직 준비가 부족해'라는 생각에 빠져 계속 행동을 미룬다. 결국 중요한 일을 무한정 미루거나 아예 실행에 옮기지 못해 자신감이 크게 저하되는 원인을 만든다. 또한 타인과의 소통에도 어려움을 겪거나, 일 자체에 매몰되어 큰 그림을 놓치는 경우도 자주 발생한다. 마감일에 늘 쫓기며 스트레스를 받는 상황도 흔히 일어난다.

내향인의 '뇌의 특성' 중 어떤 것들이 이 완벽주의와 관계가 있는지 조금 더 깊이 살펴보자.

내향성과 뇌의 처리 방식

내향인의 완벽주의 성향은 종종 신중함, 높은 기준, 그리고 자기 성찰과 결합하여 나타난다. 이는 뇌의 특정 영역이 더 높은 활성도를 보이는 것과 관련이 있으며, 특히 전전두엽과 내측 전전두피질이 중요하다.

두 영역은 자기 성찰, 목표 설정, 의사결정 과정에서 큰 영향을 미친다. 내향인은 이 부위들이 상대적으로 더 활발하게 작동하여, 더 많은 시간을 쓰면서 깊이 사고하고 자신의 행동을 평가하며 이를 통해 완벽함을 추구하려고 한다. 완성도를 높이려는 노력, 조금 더 잘하려는 욕심, 제대로 해내려는 태도(반대로 대충 하려면 아예 안 하는 편이 낫다고 빈번하게 생각한다) 등은 내향인에게서 자주 보이는 특성이다. 어떤 프로젝트를 진행할 때 내향인이 앞에 직접 나서기보다는 뒤에서 다른 사람을 추천하거나 그 사람에게 리더로서 힘을 실어주는 등 '양보와 겸양'의 모습을 보이는 것도 완벽주의적 특성과 어느 정도 맞물려 있다고 본다.

내향인 중 상당수가 자신의 목표와 행동을 철저히 분석하고 이를 최적화하려는 경향을 훨씬 크게 보인다. 이 과정에서 뇌의 배외측 전전두엽이 활성화되는데, 이 부위는 계획 수립과 문제 해결에 관여한다. 내향인은 배외측 전전두엽을 활용해 스스로 기준을 설정하고, 이를 달성하기 위해 자신의 행동을 지속적으로 모니터링한다. 이때 매우 높은 기준을 설정하도록 유도하며, 이는 결국 완벽주의적 성향으로 이어질 수 있다.

미세 감지에 반응하는 사람들

내향인은 완벽함이라는 이상을 향해 높은 기준을 설정하고, 이를 달성하기 위해 끊임없이 자신의 행동을 조정한다. 높은 기준은 때때로 실행을 지연시키는 원인이 된다. 이 과정에서 전측 대상 피질이 중요한 역할을 하는데, 이것은 목표와 현재 상태 간의 불일치나 오류를 감지하고 이를 해결하기 위한 행동을 유도하는 데 관련이 있다.

내향인은 외부 자극과 어떤 현상에 더 민감하게 반응한다는 사실을 잘 기억해 두자. 특히 내향인에게는 외부 자극과 현상의 불일치가 너무 크게 느껴질 수 있고, 그 상황이 '그냥 못 넘어가는 상태'가 될 수 있다. 예를 들어, 내향인은 작은 오류도 간과하지 못하고 이를 바로잡으려 하다 보니, 당연히 모든 행동이 멈출 수밖에 없고 진행이 미루어진다. 마감이 있는 프로젝트에서도 이들은 지속적으로 수정과 교정을 거치다가, 시간이 지체되거나 최종 결과물을 내지 못할 수도 있다. 또, 대화 중에 다른 사람의 미묘한 표정 변화나 말투에서 감지되는 뉘앙스를 놓치지 않고 이를 바탕으로 상황을 분석하는 것이 내향인의 특징 중 하나다.

이러한 미세 감지는 뇌의 특정 메커니즘과도 관련이 있다. 내향인은 하향식 메커니즘Top-Down Mechanism을 통해 정보를 처리하는데, 이는 외부의 불필요한 자극을 걸러 내고 내부의 목표나 의도에 맞추어 세부 사항을 선택적으로 처리하는 방식이다.

세부 사항에 강한 집중력을 보이는 것도 내향인의 특성 중 하나다. 내향인의 뇌는 특히 우측 전방 하부 두정엽right anterior inferior parietal lobe이 활성화되어, 세부적인 정보에 집중할 때 외부 소음이나 시각적 방해 요소로부터 벗어나 자신만의 분석에 몰두하게 된다. 이 우측 두정엽 영역은 내부로 향하는 주의 집중 및 자기 주도적(자기 생성) 사고와 관련이 깊어서, 내향인이 세부 사항에 더 많은 의미를 부여하고 신중하게 계획하려는 경향을 잘 설명해 준다.◆ 외향인이 대체로 세부 사항에 깊이 몰두하지 않고 주어진 정보를 바탕으로 빠르게 결론을 내리고 실행하다가 종종 중요한 디테일을 놓치곤 하는 모습과는 사뭇 다른 지점이다.

◆ 1. Benedek, M., et al. "Brain mechanisms associated with internally directed attention and self-generated thought.", *Scientific Reports*, vol. 6, 2016.
2. Grieder, M., et al. "Increased Anxiety After Stimulation of the Right Inferior Parietal Lobe and the Left Orbitofrontal Cortex.", *Frontiers in Psychiatry*, vol. 11, 2020.

내향인이 세부 사항에 집중하는 힘은 자연스럽게 완벽주의와 잘 연결되는 속성이다. 내향적인 민희 씨는 팀 프로젝트를 진행할 때 작은 오류 하나하나를 체크하며 완벽하게 수정하려는 경향이 있다. 그녀는 모든 자료를 철저히 분석하고, 작은 부분까지 완벽하게 맞추기 위해 많은 시간을 할애한다. 그러나 이 과정에서 전체 프로젝트의 마감일을 놓칠 위험이 커진다. '작은 것micro'에 강한 이 훌륭한 능력은, 안타깝게도 지나치게 몰두하다 보면 전반적인 진행 속도를 느리게 만들거나 아예 멈추게 한다.

◆
관찰 모드와 신중함을 잠시 내려놓자

여러 번 언급했지만, 내향인은 신중하고 세밀하게 관찰하는 성향이 있다. 이는 뇌의 후두엽occipital lobe과 전두엽의 상호작용과도 관련이 있다. 이 영역들은 시각적 정보를 처리하고, 이를 바탕으로 행동을 계획할 수 있도록 한다. 관찰 모드를 과도하게 연장한 내향인의 경우, 환경의 작은 변화나 정보를 지나치게 분석할 것이다. 이 기능은 자세하고 치밀하게 작업해야 할 때 매우 필요하지만, 전반적인 흐름을 놓치고 타인과의 소통에도 갈등을 불러오는 원인이 될 수 있다. 특히, 팀워크가 필요한 상황에서 내향인이 자신의 결과물을 만들어 내는 데 시간이 오래 걸리고, 다른 팀원들과 의견이 부딪치는 일이 발생한다면 바로 자신감을 잃어버리기 쉽다. 소심해진 내향인은 곧 타인과의 소통이 막히고 스스로 고립되는 사태까지 도달하게 될지도 모른다.

이러한 신중함이 완벽주의와 결합할 때, 내향인은 '한계limit sense'를 제대로 지키지 못하고 더 나은 결정을 내리기 위해 계속해서 정보를 모으고 분석하려 한다. 이 과정에서도 내향인은 외부 환경의 흐름과 단절될 수 있고, 결과적으로 '한정 없이' 일에 몰두하며 완성도에만 집중할 수 있다.

일 자체에 매몰되면 큰 그림을 놓치게 마련이다. 또한 세부적인 사항에 지나치게 매달리다가 전체적인 목표나 방향성을 잃어버리기도 쉽다. 자주 마감일에 쫓기거나, 중요한 사항을 간과하는 결과를 초래하기도 한다. 내향인의 특성만 좇으면 결국 중요한 기회를 놓칠 수도 있으니 주의가 필요하다.

내향인의 대표적인
열 가지 유형

Chapter 2 타인과의 관계가 지옥이 되는 이유

Quiet People

내향인은 단순히 '조용한 사람들'이라는 하나의 틀에 다 넣을 수 없다. 실제로 내향성은 다양한 형태로 나타나며, 각자 고유한 강점과 어려움을 가지고 있다. 그러므로 내향인의 사고 패턴을 이해하고 균형을 맞추는 것은 중요한 문제다. 더 구체적으로 내향인의 대표적인 유형 열 가지를 살펴보고, 유형별 '맞춤식 해결 방안'을 탐색해 보자.

사실 이 유형 분류에 모든 내향인을 넣을 수는 없다. 그래도 "나는 그냥 내향인이야"라고 말하기보다는 "나는 이런 성격의 내향인이야"라고 말할 수 있는 기준이 될 수 있을 것이다.

① 자신만의 질서와 안정감을 중시하는 사람들

"모든 것이 제자리에 있어야 마음이 편안해요. 조금만 흐트러져도 생각이 산만해지거든요." 이렇게 말하는 사람들은 정돈된 환경에서 마음의 평화를 찾는다. 항상 책상 위를 깔끔하게 유지하며, 모든 물건이 제 위치에 있어야 안정을 찾는다는 한 친구는 어질러진 공간에서는 집중할 수 없어서 매일 정리하는 시간을 갖는다고 말했다. 이런 성향은 체계적이고 효율적인 결과를 만들어 내는 데 유리하다. 예를 들어, 팀 프로젝트에서 모든 일정을 꼼꼼히 정리해 준 이 친구 덕분에 다른 팀원들이 불확실한 부분 없이 작업을 이어 갈 수 있었다.

하지만 이들은 종종 완벽하지 않은 상황에서 스트레스를 받는다. "왜 나는 작은 변화도 못 받아들이는 것일까?"라고 고민하며, 유연하지 못하다는 주변의 평가에 스스로를 비난하기도 한다. 계획이 틀어질 때마다 불안을 느끼는 성향은 고정된 틀에서 벗어나기 어려운 원인이 되기도 한다. 이 성향은 완벽주의적 태도로 오해받을 수 있지만, 체계적인 사고와 신뢰감을 주는 강점으로 발휘될 수 있다. 이를 위해 작은 혼란을 수용하는 연습을 해 보는 것이 좋다. 예를 들어, 하루 동안 책상을 일부러 정리하지 않은 채 작업을 진행해 보거나, 계획이 틀어지더라도 새로운 방식으로 해결하는 연습을 통해 유연성을 키울 수 있다.

② 관계에서 따뜻함과 돌봄을 실천하는 사람들

"내가 힘들어도 가족이 잘 지내는 모습을 보면 다 괜찮아요." 이런 사람들은 타인의 행복이 자신의 행복으로 이어진다고 믿는다. 한 친구는 아픈 부모님을 돌보며 자신의 업무를 뒤로 미루었지만, 부모님이 회복되자 오히려 큰 보람을 느꼈다고 말했다. 이들은 헌신적이고 배려심이 많아 주변 사람들에게 안정감을 준다.

그러나 지나친 배려는 정작 자신을 돌볼 여유를 빼앗는다. "내가 너무 희생적이라 사람들이 나를 당연하게 그런 사람으로 여기지는 않을까?" 고민하며, 때로는 공허함을 느끼기도 한다. 자신의 감정을 억누르면서도 타인의 요구를 우선시하는 태도는 정서적 소진으로 이어질 위험이 있다. 예를 들어, 한 친구는 동료들의 부탁을 모두 들어주다가 자신의 건강이 악화해 병가를 내야 했다.

이런 성향의 사람들은 자신의 한계를 이해하고, 건강한 경계를 설정하는 연습이 필요하다. 다른 사람의 요청을 들어주기 전에 "지금 내가 이걸 해도 괜찮은가?"라는 질문을 자신에게 던져 보는 것이 좋다. 도움을 줄 수 없는 상황에서는 정중히 "지금은 어려워"라고 말하는 용기를 가지는 것도 중요하다. 자기 돌봄은 이기적이 아니라, 더 지속 가능한 관계를 만드는 첫걸음임을 기억해야 한다.

③ 철저한 계획과 준비를 중시하는 사람들

"모든 일이 계획대로 흘러가야 마음이 놓여요." 이런 사람들은 일정과 목표를 철저히 계획하며, 예측 가능한 상황에서 안정감을 느낀다. 한 친구는 여행을 준비하며 동선, 비용, 예상 시간을 모두 정리해 둔 계획표를 작성했다. 여행 중에 불편한 일을 겪지 않고, 변수를 최소화하려 노력했다.

이런 성향은 준비와 실행 능력을 극대화하는 데 탁월하지만, 예상치 못한 변화가 발생했을 때 큰 스트레스를 느낀다. 예를 들어, 여행 도중 예상치 못한 날씨 악화로 계획이 변경되면 크게 당황하며 새로운 일정을 짜느라 시간을 허비할 수 있다. 이런 상황에서 "내가 너무 융통성이 없나?"라는 고민에 빠지기도 한다.

완벽한 계획은 때로 중요한 순간을 놓칠 수도 있다. 작은 변수를 받아들이는 연습이 필요하다. 계획이 틀어져도 과정을 즐기는 태도를 가지면 더 큰 만족감을 얻을 수 있다. 예를 들어, 여행 중 계획에 없는 장소를 방문하거나 즉흥적으로 시간을 활용하는 경험은 예상치 못한 즐거움을 가져다줄 수 있다.

④ 창의적 아이디어와 가능성을 탐구하는 사람들

"제 머릿속에는 항상 새로운 아이디어가 떠다녀요. 그런데 이것을 어떻게 현실로 옮겨야 할지 모르겠어요." 이런 사람들은 독창적인 사고와 상상력을 통해 새로운 가능성을 끊임없이 탐구한다. 한 친구는 환경 문제를 해결할 캠페인 아이디어를 떠올리며, 밤새 그 구상을 기록했다. 하지만 "이것을 실제로 어떻게 시작해야 할까?"라는 고민에 머물러 있었다.

이 성향은 기존의 틀에 얽매이지 않고 새로운 관점을 발견하는 데 뛰어나지만, 실행 단계에서 좌절감을 느끼기 쉽다. 주변 사람들로부터 "너무 비현실적이다"라는 말을 들으면 자신감을 잃기도 한다. 한 친구는 독특한 광고 아이디어를 제안했지만, 실행 가능성이 없다는 이유로 팀에서 제외된 경험이 있다. 그러나 이후 그는 아이디어를 작은 단계로 나누고, 팀원들과 논의하며 수정해 성공적으로 프로젝트를 완수했다.

아이디어를 현실로 옮기기 위해서는 실행 가능한 목표를 세우고, 작은 단계부터 시작하는 것이 중요하다. 생각이 지나치게 이상적으로 느껴질 때는 "이 아이디어의 첫걸음을 어떻게 구체화할 수 있을까?"를 질문하며 단계를 세부적으로 나누는 연습을 해 보자. 실행 경험이 쌓일수록 아이디어를 현실화하는 능력도 함께 성장할 것이다.

⑤ 풍부한 감정과 감각을 소유한 사람들

"내가 느끼는 이 감정을 어떻게 말로 표현할까? 단어로는 부족한데…" 이런 고민을 하는 사람은 감정을 깊이 느끼지만 이를 언어로 전달하기 어려워한다. 이들은 종종 음악, 글, 그림 같은 창작 활동으로 자신의 감정을 표현한다. 한 친구는 사랑을 느낄 때마다 피아노로 즉흥 연주를 하는데, 그 선율을 듣는 사람들은 그의 마음을 느낄 수 있다. 하지만 누군가가 그에게 그 감정을 직접적으로 설명하라고 요청한다면 "그냥 느껴지지 않니?"라고 하면서 곤란해한다.

이들은 풍부한 감각과 감정을 통해 예술적이고 창의적인 결과물을 만들어 내지만, 이를 다른 사람들과 공유하지 못하면 오해를 살 수 있다. 예를 들어, 슬픔을 느끼면서도 아무 말 없이 조용히 있는 한 친구를 두고, 주변 사람들이 냉담하거나 관심이 없는 사람으로 오해한 적이 있었다. 하지만 그는 이후 일기에 자신의 감정을 적어 친구에게 건네주며 그 오해를 풀었다. 감정을 명확히 전달하는 데 어려움을 겪지만, 글이나 창작물을 통해 이를 보완할 방법을 찾으면 오히려 강점으로 발휘될 수 있다.

⑥ 내면의 가치를 최우선으로 여기는 사람들

"세상이 뭐라 해도 내가 믿는 가치를 따를 거야." 이들은 외부의 평가나 의견에 크게 흔들리지 않고, 자신만의 신념과 기준을 중심으로 삶을 설계한다. 예를 들어, 한 친구는 돈보다는 자기가 진정 좋아하는 일을 선택하며 그로 인해 경제적으로 힘든 시기를 겪었다. 그러나 자신이 선택한 삶에 후회가 없었다.

그러나 이런 성향은 때로 타인과의 공감을 놓치거나, 지나치게 자기중심적이라는 평가를 받을 수 있다. 다른 사람과 신념이 충돌할 때, 대화를 통해 조율하거나 상대의 의견을 열린 마음으로 수용하는 연습이 필요하다. 실제로 한 친구는 동료들과의 의견 충돌로 어려움을 겪다가, 자신의 가치를 지키면서도 타인의 가치를 존중하는 방식을 배워 팀워크를 회복했다. 내면의 가치를 지키는 것이 중요한 만큼, 그것을 타인과 조화롭게 융합하는 것이 더 큰 관계적 성장을 가져올 수 있다.

⑦ 주변과의 조화와 배려를 중시하는 사람들

"갈등은 피하고 싶어. 모두가 편안한 관계를 유지하는 것이 가장 중요해." 이런 사람들은 주변 사람들의 감정을 예민하게 읽고, 갈등이 발생하지 않도록 배려하며 조화를 유지하려 한다. 한 친구는 동료들이 다툴 때, 중재자로 나서 관계를 회복시키기 위해 애썼다. 그러나 지나치게 타인의 요구를 받아들이며, 자신의 감정을 억누르는 경우가 많다. 예를 들어 한 친구는 직장 동료의 업무를 대신 처리하며 밤늦게까지 일했지만, 정작 자신의 건강이 나빠졌다.

이들은 관계의 안정성을 유지하는 데 탁월한 능력이 있지만, 자기 자신을 돌보는 시간을 확보하지 못하면 정서적 소진을 겪을 수 있다. 건강한 경계를 설정하고, 필요할 때 "아니요"라고 말하는 용기를 가지는 것이 필요하다. 자신의 감정을 표현하는 것이 타인과의 관계를 망치는 길이 아니라 더 깊고 건강한 관계를 만드는 길임을 이해해야 한다.

⑧ 깊은 공감으로 타인을 이해하는 사람들

"다른 사람이 힘들어하는 모습을 보면, 그 감정이 내게 그대로 전달돼." 이런 사람들은 타인의 고통과 기쁨을 자신의 것처럼 느끼며, 상대의 감정을 깊이 이해한다. 한 친구는 친구의 어려움을 듣고 밤새 고민하다가, 해결책을 찾기 위해 직접 도와주기도 했다. 그러나 지나친 공감은 정작 자신의 감정을 잃어버리게 하거나 정서적 부담을 초래할 수 있다. 한 친구는 가족의 문제를 해결하려고 애쓰다가 본인이 우울증 증세를 겪기도 했다.

이들은 공감 능력을 통해 진정성 있는 관계를 형성하지만, 자신의 감정을 분리하고 돌보는 시간이 필요하다. 감정의 무게를 조절하며, 자신만의 평화를 유지하는 연습이 중요하다. 명상이나 감정 기록 같은 방법을 통해 내면의 균형을 잡고, 필요할 때는 "지금은 내가 쉬어야 할 때"라고 솔직하게 말할 수 있어야 한다.

⑨ 명확하게 목표를 세우고 실행하는 사람들

"목표를 세우는 것만으로도 절반은 성공한 거야." 이런 사람들은 명확한 계획과 철저한 준비를 통해 불확실성을 줄이며 안정감을 얻는다. 예를 들어, 한 친구는 창업을 준비하며 수개월간 사업 계획서를 완벽히 작성했지만, 정작 실행 단계에서는 지나치게 신중하다 보니 빠르게 변화하는 시장에 적응하지 못했다. 이 성향은 꼼꼼하고 신뢰를 주는 특징이 있지만, 실행 속도가 느려질 수 있고 예상치 못한 변수에 스트레스를 받기 쉽다. 작은 단계부터 실행하며, 계획이 틀어지더라도 유연하게 대응하는 법을 배우는 것이 필요하다. 실행 중심으로 사고를 전환하는 것도 도움이 된다.

⑩ 조용하지만 체계적으로 사고하고 전달하는 사람들

"내가 많은 말을 하지 않아도, 내 생각은 설득력 있게 전달될 수 있어." 이런 사람들은 차분하게 자신의 의견을 논리적으로 정리하며, 깊이 있는 대화를 선호한다. 겉으로는 말수가 적어 눈에 잘 띄지 않지만, 실제로는 치밀하게 사고하고 상황을 분석하는 경우가 많다. 하지만 표현력이 부족하거나 지나치게 조용하다는 평가를 받을 때도 있다. 한 친구는 회의 중 자신의 의견을 제대로 표현하지 못해 중요한 아이디어가 묻힌 경험이 있었다. 이후 그는 자신의 의견을 미리 간결하고 명확하게 정리한 뒤, 적절한 순간에 발표하는 습관을 들였다. 덕분에 그의 아이디어는 팀이 신뢰하는 자신이 되었고 회의 분위기도 달라졌다.

이 성향은 신뢰를 기반으로 한 소통에 강점을 가지며, 이를 통해 관계를 깊이 있게 발전시킬 수 있다. 자신의 생각을 좀 더 적극적으로 표현하고, 중요한 순간에 목소리를 내는 연습을 통해 성장을 이룰 수 있다.

생각 습관 테스트

아래는 내향인의 자기 소모 유형을 알 수 있는 테스트다. 각 문항에 대해 0~3점으로 체크해 보자. 테스트가 끝난 후, 각 문항의 점수를 합산한다.

❶ 마음이 복잡하거나 감정이 정리되지 않으면 중요한 일도 자꾸 미룬다.	
❷ 실수나 부끄러운 기억이 떠오르면, '왜 그랬을까'라는 생각이 며칠씩 떠나지 않는다.	
❸ 지금 당장 할 수 있는 일도 더 좋은 조건이 될 때까지 미루는 편이다.	
❹ 내가 했던 말이나 행동이 상대에게 어떻게 비쳤을지 자주 곱씹는다.	
❺ 시작도 안 했는데 결과에 대한 걱정부터 앞선다.	
❻ 조금이라도 완벽하지 않으면 차라리 시작을 안 하는 편이 낫다고 느낄 때가 있다.	
❼ 사소한 일을 하더라도 잘했다는 말이나 확인을 받지 않으면 불안하다.	
❽ '이 정도로는 부족해'라는 생각이 자주 든다.	
❾ 하고 싶은 일이 '해야만 하는 일'에 계속 밀린다.	
❿ 주변 사람의 말 한마디에 기분이 오르락내리락한다.	

⓫ 스스로 '나는 왜 이럴까?'를 자주 되뇌곤 한다.	
⓬ 아무리 애썼어도, 결과가 부족하면 나 자신이 너무 한심하게 느껴진다.	
⓭ 일 처리를 할 때, 완벽하지 않으면 다른 사람에게 보이기가 꺼려진다.	
⓮ '나는 다른 사람들과는 좀 다르다'는 생각이 자주 든다.	
⓯ 나를 이해해 주는 사람이 없다고 느끼면 하루 종일 마음이 가라앉는다.	
합계	

◆ 0~12점 | 균형형

자기 마음과 거리 두기를 잘하는 편이다. 생각이 많아도 감정에 잠식되지 않고, 할 일을 미루지 않고 완벽을 추구하되 스스로를 괴롭히지 않는다. 내면 에너지 흐름이 비교적 안정되어 있는 내향형이라고 할 수 있다. 다만, 자기 감정에 대한 탐색이 얕을 수 있으므로, 가끔은 깊이 빠져 보는 연습도 필요하다.

◆ 13~23점 | 고민 순환형

생각이 생각을 부르고, 감정이 감정을 낳는다. 일단 고민이 시작되면 끝을 보기 어렵다. "나는 왜 이럴까?"라는 순환에 자주 빠진다. 완벽을 추구하면서도 시작은 미루고, 감정 소모는 많은데 결과물은 적은 경우가 잦다. '이 정도면 괜찮다'는 감정의 브레이크가 필요한 유형이다.

◆ **24~33점 | 자기 압박형**

스스로를 너무 몰아붙이는 경향이 있다. '잘해야 해', '틀리면 안 돼', '이 정도로는 부족해'라는 생각이 기본 값이다. 감정에 휘둘리지는 않지만 자기 자신에게 너무 가혹하다. 결과적으로 지치고, 인간관계나 일에서도 점점 움츠러들 수 있다. 자기 연민과 관대함을 늘리지 않으면 피로 누적으로 감정 반응이 둔해지고 일 처리도 점점 지연될 수 있다.

◆ **34~45점 | 셀프 감옥형**

감정, 생각, 완벽주의, 자기 해석이 완전히 가동되는 상태다. 생각만으로 이미 지쳐서 아무것도 못 하는 날이 많고, '머릿속은 바쁜데 현실은 정지된' 상태에 자주 놓인다. 혼자서 해소하려다 더 깊은 수렁에 빠질 수 있으므로, 누군가와 감정을 나누고 뇌를 잠시 꺼 두는 연습이 절실한 유형이다. 지금은 무언가를 하기보다 그냥 '가만히 있어도 괜찮다'는 자기 허용이 필요하다.

내향인은 내향적일 때 가장 강하다.
조용한 에너지로 자기답게,
사람과 세상을 깊이 이어 나간다.

Chapter 3

조용하지만 강한 힘

내향인의 강점을

더욱 빛나게 만드는 방법

Chapter 3 조용하지만 강한 힘

현대사회에서 내향인의 강점은 종종 외부에서 제대로 인정받지 못할 때가 많다. 외향적인 성향을 선호하는 사회는 활발하게 소통하고 즉각적으로 반응해 주는 사람들을 더 높이 평가한다. 반면, 내향인이 가진 깊이 있는 사고와 성찰은 때로 '소극적이다', '관심이 없다', 심지어 '소심하다'라는 오해를 사기 쉽다.

특히, 외향인의 눈에는 내향인의 행동이 느리고 반응하지 않는 것처럼 느낀다는 점에서 다르게 비친다. 예를 들어, 외향인이 내향인에게 "이 프로젝트에 대해 어떻게 생각해?"라고 물었을 때, 내향인은 즉각적인 답을 주기보다는 시간을 갖고 충분히 생각하려고 한다. 이 모습을 본 외향인은 '왜 이렇게 답이 느리지?' 혹은 '이 프로젝트에 아무 관심이 없나?'라고 오해할 수 있다. 하지만 내향인은 빠른 반응을 보이는 외향인과는 대조적으로, 그 질문에 대해 깊이 분석하며 더 나은 답을 속으로 준비하는 중일 가능성이 크다. 이런 모습이 때로는 '소극적이다' 혹은 '느리다'는 평가를 받게 되는 것이다.

또 다른 예로, 회의 시간에 외향인은 활발하게 자신의 의견을 말하는 반면, 내향인은 말을 아끼고 경청하는 태도를 보인다. 이른바 내향인의 '콰이어트 타임'은 상당히 많은 오해를 불러일으킬 수 있고, 특히 리더가 보기에는 답답한 사람이라고 두드러지게 인식될 수 있다. 이때 외향인은 내향인을 보고 '저 사람은 왜 이렇게 말이 없지?'라며 회의 시간에 소극적으로 참여한다고 생각할 수 있다. 사실 내향인은 그 순간에도 회의 안건을 더 깊이 생각하고, 더 나은 결론을 만들어 내기 위해 머릿속에서 바쁘게 상황을 분석하는 중일 수 있다.

내향인을 잘 모르는 사람들은 종종 "너는 사람을 안 좋아하나 봐"라며 속단하는 말을 하기도 한다. 조용하게 있는 내향인이 사람 간의 대화나 상호작용을 피하는 것처럼 보일 수 있지만, 사실 그들은 타인에게 부담을 주지 않기 위해 신중하게 행동하려 한다. 실제로는 사람을 더 깊이 이해하고 그에 맞추어 반응하기 위해 충분한 시간을 가지는 것이다.

그렇다고 내향인들이 서로를 잘 이해하느냐 하면 그렇지도 않다. 내향인들 간의 관계에서도 비슷한 일이 일어난다. 내향인 두 명이 만났을 때, 서로 말을 아끼고 조용히 앉아 있는 경우가 종종 있다. 한 사람은 "저 사람이 나랑 대화할 의지가 없나?"라고 생각할 수 있고, 또 다른 사람은 "혹시 내가 말을 걸면 불편해할까?"라고 고민하고 있을 수 있다. 사실 두 사람 다 서로를 배려하는 중이지만, 겉으로는 마치 대화에 소극적이고 심지어 '회피적인' 듯한 모습으로 드러나는 것이다. 이 상황이 길어지면 두 사람 모두 '어떻게 대화를 시작해야 하지?'라는 생각에 빠지게 되며, 결국 대화는 더 늦어지거나 아예 이루어지지 않기도 한다. 이런 불편한 상황이 강하게 각인되면 점점 더 사람 간의 관계 자체를 피하게 될지도 모른다.

내향인은 자주 '소심하다'라거나 '사람을 안 좋아하는 것 같다'라는 평가를 받지만, 사실 타인에게 깊이 공감하고, 그들에게 부담을 주지 않으려는 신중함을 더 소중히 여긴다(내향인의 뇌 신경 네트워크 구조와 성격만 보아도, 이들은 태생적으로 타인과 외부 상황의 영향을 많이 받고 민감한 반응을 보이게끔 설계되어 있다). 다만, 자신의 신중함과 생각의 의미에만 너무 빠진 나머지, 타인의 실제 심정이나 성향을 놓치는 수가 있다. 주로 외향인이 별 의미 없이 그냥 하는 행동과 반응에 너무 과하게 의미를 부여하거나, 같은 내향인이 자신과 마찬가지로 신중하고 조심성 있다고 미처 생각하지 못하고 뭔가 자신을 불편해하거나 싫어해서 그러는 것으로 오해하는 경우를 들 수 있다.

앞서 말한 에피소드는 내향인끼리도 서로의 침묵을 오해할 수 있음을 보여 준다. 그들은 상대방을 배려하며 조심스럽게 대하려고 하지만, 그 배려가 때로는 오히려 소통의 장벽으로 작용할 수 있다. 하지만 내향인은 겉으로 드러나지 않더라도 언제나 상대방과 깊이 있는 연결을 고려하고 있다. 이런 성향의 내향인은 외부에서 오해를 받기도 하고, 내향인끼리도 서로를 깊이 이해하는 데 시간이 걸리기도 한다. 하지만 그들의 강점은 바로 그 깊은 생각과 신중한 행동에 있다. 확실히 내향인이 지닌 고유한 강점들은 그들이 외부의 자극보다 내면의 세계에 집중할 때 더욱 빛을 발하는 것 같다. 사회적으로 외향적인 성향을 선호하는 시대에서조차 어느 내향인의 '깊이와 진실성'은 큰 감동으로 다가오곤 한다. 내향인이 가진 강점들은 그들이 자신을 이해하고 타인과 깊이 연결되며 세상 속에서 조화를 이루게 하는 중요한 도구가 된다.

이번 장에서는 내향인의 주요 강점을 살펴보고, 이를 더욱 발전시켜 '내향인을 더 내향인답게' 만들고 내향인의 삶을 더 풍부하고 의미 있게 만드는 방법에 대해 이야기하고자 한다.

◇ 깊이 생각하기

내향인은 표면적인 것을 보는 데 그치지 않고, 문제의 근본적인 원인과 의미를 탐구하려는 성향이 강하다. 이는 그들이 복잡한 문제를 해결하거나 새로운 통찰을 얻는 데 큰 도움이 된다. 예를 들어, 내향인은 새로운 일을 시작하기 전 충분한 시간을 들여 문제의 본질을 고민한다. 그들은 단순한 해결책을 넘어서 장기적이고 근본적인 해결책을 찾으려 한다. 이처럼 깊이 생각하는 능력은 창의성과 문제 해결력으로 이어진다. 그러나 깊이 있는 사고가 실행을 미루는 경향으로 이어질 수 있으므로, 내향인은 에너지를 집중하는 훈련이 필요하다.

매일 아침, 하루의 가장 중요한 일 하나에 집중하는 시간을 가지는 것이 좋은 방법이다. 이렇게 생각을 실행으로 옮기는 연습을 통해 내향인은 더욱 생산적으로 강점을 발휘할 수 있다. 더 나아가 다양한 분야의 지식을 습득하고 사고의 폭과 깊이를 넓힐 수 있는 독서 또는 연구에 몰두하거나 명상과 사색을 통해 자신만의 조용한 시간을 갖고, 규칙적이고 의식적으로 내면의 생각을 정리하거나 새로운 통찰을 새기는 것도 좋다. 자신의 생각을 글로 표현해 논리적인 사고력을 향상하는 것도 도움이 된다.

◇ 자세히 관찰하기

내향인은 주변 환경과 사람들을 세심하게 관찰하는 능력이 있다. 그들은 미세한 변화나 타인의 감정에 민감하게 반응하며, 이를 바탕으로 더 깊은 통찰을 얻는다. 이러한 관찰력은 특히 공감 능력과 문제 해결에 중요한 역할을 한다. 내향인은 대화 중 무심코 지나치는 타인의 감정 변화를 간파하고, 그로부터 상황을 분석해 더 나은 대처 방법을 찾는다. 이는 내향인이 관계 속에서 신뢰를 쌓고,

문제 해결에 중요한 단서를 제공하는 힘이 된다.

이 강점을 더욱 발전시키는 방법으로, 먼저 감정 관찰 일기 쓰기를 추천한다. 하루 동안 경험한 것들을 관찰한 내용을 정리하고, 특히 감정에 대해 기록하면 이를 통해 더 깊은 통찰을 얻을 수 있다. 그다음 그림, 사진, 음악 등을 통해 세상의 디테일을 느끼거나 자연을 관찰하고 관조하며 섬세한 변화를 느끼고, 그로부터 영감을 얻는 것도 좋다.

◇ 자기 성찰과 내면의 가치 중시하기

자신의 감정과 생각을 깊이 분석하는 내향인은 이를 통해 자아를 성찰하고 자신의 가치를 명확하게 인식하는 능력이 뛰어나다. 이런 장점은 자기 삶의 방향을 설정하는 데 큰 도움이 된다. 앞서 설명한 것처럼 내향인의 뇌에서 중요한 역할을 하는 DMN은 그들이 의식적으로 어떤 행동을 하지 않을 때도 끊임없이 자기 성찰과 자아 인식을 도와준다. DMN 덕분에 내향인은 혼자 있는 시간 동안 과거를 돌아보고 미래를 계획하며, 더 나은 자아를 형성할 수 있다.

내향인의 성찰 능력은 그들이 내면의 가치를 더욱 명확하게 이해하고, 삶에서 충만함을 추구하는 데 중요한 역할을 한다. 정기적으로 자신의 강점과 약점을 분석하고, 변화 상황에 대해서 리뷰를 해 보는 등 자신을 평가하는 일이 필요하다. 또한 내면의 가치에 기반하여 현실적으로 의미 있는 목표를 체계적으로 세우는 연습도 도움이 될 것이다. 마지막으로 현재의 순간에 집중하며 자기 인식을 높이고 자기 각성을 키우는 '마음챙김 명상'도 추천한다.

◇ 충실과 충만에 대한 욕구를 이해하기

내향인은 일상의 소소한 것에서도 깊은 의미를 찾고, 완벽한 결과를 도출하려는 욕구를 가지고 있다. 어떤 조직이나 사회에서 높은 수준의 결과물을 내놓았다면, 주로 완벽하게 일을 처리하려는 내향인의 노력이 포함된 경우가 많다. 완벽주의 기질은 아주 세부적인 사항까지 놓치지 않고 신중하게 접근하는 태도로 나타나곤 한다. 내향인의 이러한 성향은 삶의 질을 높이는 데 기여하지만, 때로는 스트레스를 초래할 수 있다.

완벽주의적 성향을 긍정적으로 활용하기 위해서 내향인은 과정에서 얻는 배움을 소중히 여기면서 완벽을 추구해야 한다. 어떤 일을 시작할 때 높은 기준을 유지하되, 그 과정에서 얻는 작은 성취도 '너그럽게' 인정하는 태도가 중요하다. 완벽을 추구하면서도 유연성을 잃지 않도록 노력하고, 타인과 소통하면서 자신의 생각과 열정을 주변 사람들과 공유하여 새로운 시각을 얻고 전체를 보는 눈을 가져야 한다. 이를 실천한 내향인은 더 나은 성과를 이루는 동시에 스스로를 더 긍정적으로 평가할 수 있다.

◇ 긍정적인 고집스러움 발휘하기

세상에서 바라보는 '소극적'이거나 '이기적'이라는 성향을 제대로 이해하고 활용하면 내향인은 자신의 장점을 이용해 큰 성공을 거둘 수도 있다. 내향인의 집중력 있는 고집스러움은 때때로 타인에게 완고하거나 변화를 거부하는 모습처럼 비칠 수 있다. 하지만 이 고집은 한 분야에 몰입하여 깊은 지식을 쌓고, 끝까지 파고들 수 있는 힘으로 작용한다. 고집이 아닌 '몰입 능력'으로 바라볼 때, 내향인은 뛰어난 전문가로 성장할 가능성이 크다.

예를 들어 어린 시절부터 컴퓨터 프로그램에 깊은 관심을 가졌던 한 내향인을 보고 주변 사람들은 "너는 너무 고집스러워. 세상에 관심 좀 가져"라고 말했다. 하지만 그는 이러한 비판에도 굴하지 않고 계속해서 자신이 좋아하는 분야에 집중했다. 결국 그는 소프트웨어 개발자로서 독보적인 성과를 냈고, 그가 개발한 프로그램은 전 세계적으로 널리 사용되었다. 그의 고집스러움 때문에 오히려 깊은 몰입이 가능했고, 그는 그 분야에서 최고의 전문가가 될 수 있었다.

이처럼 고집스러움은 제대로 활용되면 몰입의 힘으로 전환되어, 한 분야에서 뛰어난 성취를 이끌어 낼 수 있는 중요한 요소가 된다. 내향인은 이 힘을 잘 활용해 자신이 좋아하는 분야에서 충분히 독보적인 성과를 낼 수 있다. 내향인은 자기 자신과 깊이 연결되어 있어, 종종 '자기중심적'이라는 평가를 받기도 한다. 하지만 이는 자신을 이해하고 자신의 판단에 대한 확신을 가지는 과정에서 자연스럽게 나타나는 모습이다. 내향인은 자기 확신을 통해 타인의 영향을 받지 않고 독립적인 결정을 내릴 수 있으며, 이는 리더십을 발휘하는 중요한 능력으로 발전할 수 있다.

한 여성 CEO의 일화를 보자. 그녀는 회사의 경영 방식을 결정할 때 항상 내면의 목소리에 귀를 기울였다. 회사를 확장할지 아니면 안정적으로 유지할지 고민하던 순간, 많은 사람이 "확장해야지"라고 말했지만 그녀는 자신만의 속도로 회사의 발전을 추구하는 것이 옳다고 느꼈다. 그녀는 "지금은 기다릴 때야"라고 생각했고, 그 판단에 따라 결정을 내렸다. 다른 사람들은 그녀를 고집스럽고 자기중심적이라고 비판했지만, 시간이 지나 그녀의 판단이 옳았음이 드러났다. 경제 상황이 변동하면서 다른 회사의 입지가 크게 흔들리는 중에도 그녀의 회사는 안정적으로 성장했다. 이는 자기 확신에서 나온 리더십 덕분이었다. 이처럼 내향인은 스스로를 이해하고 판단을 내리는 중요한 요소로 자기 중심성을 활용할 수 있다. 이 과정에서 자기 확신이 생기고, 타인의 영향을 받지 않는 독립적인 리더로 성장할 수 있다.

◇ **독립된 존재로서 친밀함 유지하기**

내향인들은 흔히 사회적으로 무심하다는 오해를 받곤 한다. 그러나 내향인의 본질은 무심함이 아니라, 오히려 타인과 세상에 대해 깊은 민감성을 가지고 있다는 데 있다. 그들은 세상과 타인에게 많은 영향을 받으며, 이 과정에서 물리적, 정서적인 '거리 두기' 습성이 발달한다. 이 거리 두기는 내향인에게 보호막처럼 작용하며, 지나친 자극으로부터 자신을 지키고 에너지를 보존하게 해준다.

우선, 내향인들이 주로 무리와 집단에서 뚝 떨어져 있는 듯한 행동을 보이는 것은 근본적으로 사회적 무심함이 아닌 '거리 두기'라는 점을 명확히 하자. 내향인은 타인과의 적절한 거리를 유지할 때 상황을 객관적으로 바라보는 능력을 발휘한다. 외부에서는 그들이 타인에게 관심이 없어 보이거나 무심하다고 생각할 수 있지만, 사실 내향인은 그 거리를 통해 더 깊이 관찰하고 분석한다. 적당한 거리는 내향인에게 심리적 안정감을 주며, 그로 인해 상황을 차분하고 명확하게 판단할 수 있게 만든다.

예를 들어, 거리 두기에 능한 내향인은 팀 프로젝트에서 의견 충돌이 발생할 때, 즉각적으로 반응하기보다는 한 걸음 물러서서 상황을 재평가하는 성향이 있다. 그는 자신만의 시간을 가지며 상황을 재정비한다. 이런 행동은 복잡한 감정적 갈등 상황에서도 그 감정에 휘말리지 않고 문제의 본질을 파악하는 데 큰 도움이 된다. 이처럼 내향인은 감정적으로 거리를 둘 때 더 깊은 통찰을 얻고 냉철한 결정을 내릴 수 있으며 내면의 평정을 유지하는 능력이 있다.

하지만 거리 두기만으로는 부족하지 않을까? 그렇다. 거리 두기만 해서는 타인과 깊은 관계를 형성하는 데 한계가 있을 수 있다. 그렇다고 해서 내향인에게 거리 두기를 적당히 하라고 하거나, 거리 두기는 좋지 않다고 말하고 싶지는 않다. 오히려 거리 두기 성향은 계속 지켜야 한다는 쪽이다. 다만, 거리 두기를 넘어서 '친밀함'에 대한 이해가 필요하다.

내향인에게 '거리 두기'는 세상과 타인에 대해 민감하게 반응하는 그들의 특성상 자연스럽고 필수적인 기질이다. 그들은 물리적·정서적 거리 두기를 통해 자신을 보호하고, 과도한 자극으로부터 에너지를 보존할 수 있다. 이는 앞서 말한 대로 내향인에게 근본적인 안정감과 안전한 느낌을 제공하고, 자신과 타인의 감정에 휘둘리지 않으면서 상황을 객관적으로 판단하는 능력을 키워 준다. 그럼에도 내향인 역시 '혼자서는 살 수 없는' 다 같은 인간이라는 점을 분명히 할 필요가 있다. 내향인이라고 해서 특별히 고립되어도 아무 문제 없도록 설계된 것은 아니다. 친밀함을 획득하는 것은 내향인이든 외향인이든 타고난 성향에 상관없이 공통된 '인간의 발달 과제'일 것이다.

이제 친밀함을 획득하는 내향인만의 방식을 터득해야 한다. 말하자면, 내향인은 자신의 리듬에 따라 적절한 거리를 유지하되 주체적으로 경계를 허물거나 넘어서 타인과의 친밀한 관계로 나아가는 것이 중요하다. 오랫동안 자신만의 시간 속에 머물러 있었다 하더라도, 중요한 순간에는 가까운 사람과 더 깊이 소통하며 관계를 발전시키는 용기가 더 큰 성장을 가져올 것이다. 내향인이 그들의 내면세계를 타인과 나누고, 진심으로 타인과 연결되는 과정은 선택이 아니라 필수다. 적극적인 친밀함을 통해 내향인은 불안과 두려움을 극복하고 더 나은 관계를 형성할 수 있다.

진정한 사랑과 친밀함은 자신을 개방하고 타인과 진정으로 연결되는 데서 시작된다. 내향인은 이 과정에서 자신의 내면을 타인과 나누며, 더 깊은 감정적 연결을 통해 진정한 행복을 경험하게 된다. 타인에게 자신의 마음을 열고 내면을 나누는 것이야말로 내향인이 궁극적으로 추구해야 할 중요한 단계다.

조용한 에너지를
끌어내는 3단계

Chapter 3 조용하지만 강한 힘

Quiet People

하루 종일 바쁘게 지냈는데도 '정작 오늘 무엇을 했나?' 하는 허전함을 느껴 본 적이 한 번쯤은 있을 것이다. 현대의 바쁜 일상 속에서 우리는 다양한 자극에 노출되지만, 정작 중요한 일에는 집중하지 못한 채 에너지를 여기저기 흩뿌리며 피로를 쌓아 가곤 한다. 특히 내향적인 사람들에게 이러한 흐름은 더 큰 부담이 된다. 내향인은 외부의 다양한 자극 속에서 에너지를 금세 소진하기 쉽기에, 그들만의 방식으로 에너지를 집중하고 사용하는 방법을 찾는 것이 필요하다.

그렇다면 내향인이 자신의 에너지를 효과적으로 모으고 집중할 수 있는 방법을 세 단계로 알아보자.

첫 번째 단계 | 에너지 포커싱

내향인은 외부 자극보다 내면세계에 더 많은 에너지를 사용한다. 이런 성향은 깊이 있는 사고와 성찰을 통해 뛰어난 통찰력을 주지만, 때로는 에너지가 분산되어 쉽게 피로를 느끼게 만드는 '원흉'이 되기도 한다. 즉, 외부 자극에 더 예민하게 반응하는 내향인은 하루 종일 다양한 외부 자극에 노출되면 금방 지쳐 버린다. 그래서 내향인은 에너지를 어떻게 집중할지에 대한 고민이 필요하다.

이때 중요한 원리가 바로 '볼록 렌즈'다. 볼록 렌즈는 빛을 한곳으로 모아 강력한 힘을 발휘하게 하고, 햇빛을 모아 종이도 태울 수 있다. 내향인도 흩어진 에너지를 일단 한곳에 집중해야 한다.

스마트폰이나 컴퓨터에서 오는 외부 자극을 무작정 받아들이는 대신, 하루에 한 번은 내면으로 집중하는 시간을 가져 보자. 해야 할 일이 여러 가지 있다면, 그 모든 일을 한꺼번에 처리하려 하지 말고 한 번에 하나씩 에너지를 집중하는 것이 좋다. SNS 알림, 업무 메일, 친구들과의 대화에 에너지를 분산하는 대신, 중요한 일에 먼저 집중하며 에너지를 어떻게 쓸 것인지 스스로 통제할 수 있게 될 것이다.

◇ 미루기의 천재도 갑자기 과감한 실행에 돌입할 수 있다

내향인은 종종 완벽한 준비가 되지 않았다고 느끼면 결정을 미루는 경향이 있다고 앞서 이야기했다. "조금 더 준비해야 할 것 같아", "지금은 때가 아닌 것 같아" 등의 생각 때문에 행동을 미루는 경우가 많다. 그러나 에너지를 효과적으로 집중하면 미루기 습관도 극복할 수 있다.

한 내향인이 오랜 기간 미루어 왔던 프로젝트를 마무리하기 위해 중요한 결정을 했다. 그는 결단을 내리고 행동에 옮기기 전까지 수많은 생각을 거쳤지만, 이 프로젝트가 자신에게 얼마나 중요하고 절실한지 깨닫고 나서 강한 감정적 동기를 얻었다. 그러고 나니 더 이상 주저하지 않고 과감한 결단을 내린 다음 실행에 옮길 수 있었다고 한다. 이처럼 감정의 결합은 내향인의 실행력을 강화하는 중요한 요소가 된다.

당신이 내향인이라면 꼼꼼하게 계획을 세운 다음에도 실행을 차일피일 미룬 경우가 많았을 것이다. 그런데 큰 결단을 내리고 한참 미루던 일을 처리했을 때, 그 성취감이 얼마나 컸는지 경험한 적이 있지 않은가. 예를 들어, 오랫동안 미루던 SNS 계정 정리를 결심하고 과감히 실행에 옮겼을 때의 후련함이나 집 안의 묵은때를 벗겨 내며 대청소를 하고 불필요한 것들을 싹 정리하고 난 후의 말끔함, 중요한 대화를 더는 미루지 않고 용기를 내서 시작했을 때의 뿌듯함 말이다. 이처럼 내향인도 자기 확신을 얻고 집중력을 발휘할 때, 자신이 원했던 행동을 드디어 해냈을 때 큰 변화를 만들어 낼 수 있다.

◇ **실행이 자연스러운 외향인, 훈련이 필요한 내향인**

외향인은 새로운 자극에 즉각적으로 반응하고 행동으로 옮긴다. 이들은 새로운 일에 뛰어들며 '일단 해 보자'라고 생각하는 태도가 자연스럽다. 이는 외향인의 '중요성 탐지 네트워크Salience Network'가 잘 활성화되기 때문이다. 이 네트워크는 중요한 자극을 빠르게 탐지하고, 그 자극을 행동으로 연결하는 역할을 한다. 그러나 내향인은 DMN과 관련된 성찰 혹은 숙고 모드가 더 활성화되어 있어, 외부 자극보다 내부의 깊이 있는 성찰을 통해 판단하고 행동에 나선다. 그러니 행동으로 옮기기 전 많은 고민과 생각이 필요하고 또 그렇게 하게 되는 것이다.

그러나 외향인보다 중요성 탐지에 늦을 수밖에 없다고 억울해 하거나 실망할 필요가 전혀 없다. 내향인의 고유 장점을 살려서 중요성 탐지 영역까지 활성화할 방법이 있다. 이때 중요한 것은 바로 '감정적 자극'이다. 정신과 의사이자 신경과학자인 에릭 캔들Eric Kandel의 연구에 따르면 감정이 입혀진 경험이 뇌의 시냅스 연결을 강화하고, 기억과 행동 변화를 유도하는 데 큰 역할을 한다고 한다. 즉 내향인도 자신에게 강한 감정을 불러일으키는 목표나 자극을 설정하면, 자연스럽게 실행력이 강화될 수 있다.

내향인들은 어떤 감정적 자극에 반응하는가? 멀리 갈 필요 없이 가장 가까운 일상에서 그 답을 찾을 수 있다. 예를 들어 SNS에서 본 감동적인 이야기나 영상, 좋아하는 아티스트의 노래나 작품 등에서 우리는 쉽게 감정적 자극을 받을 수 있다. 얼마나 다행인가? 소심한 내향인들도 전혀 문제 될 것이 없다. 이런 자극을 실행력으로 전환하는 훈련을 해 보자. 가령, 좋아하는 이야기가 내게 주는 감동을 구체적인 개인의 목표와 연결 짓고, 그 감정에 따라 작은 실천을 시작해 보자. 감정이 클수록 실행의 동력이 더 강력해지는 것을 경험하게 될 것이다. 이때 요가나 명상 등의 특별한 분위기를 떠올리며 괜히 어려워할 필요가 없다. 에너지를 집중하는 트레이닝이라고 해서 몇몇 특수한 사람들만 할 수 있는 것도 아니고 생각보다 그리 복잡하지 않다.

일상의 작은 루틴부터 시작하면 된다. 매일 아침 또는 저녁에 10분만 시간을 내고, 잠시라도 오늘 하루를 되돌아보며 가장 중요한 일 하나를 정하는 시간을 가져 보자. 그렇게 한 가지에 집중하는 훈련이 매일 쌓이면, 그 자체만으로 에너지가 자연스럽게 흐트러지지 않고 목표로 모인다. 이 과정에서 자신이 어떤 감정에 가장 크게 반응하는지 알게 된다면, 그 감정적 에너지를 기반으로 더 큰 실행력을 만들어 낼 수 있다.

◇ **장기 강화 메커니즘**

한편, 내향인은 생각을 행동으로 옮기기까지 '장기 강화Long-Term Potentiation, LTP'라는 신경과학적 메커니즘을 활용한 적극적인 트레이닝이 필요하다. LTP란 반복적인 자극을 통해 신경세포 간 연결을 강화하는 과정으로, 내향인의 실행력을 점차 강화할 수 있는 방법이다. 감정적인 자극이 결합될 때 LTP가 더 효과적으로 발생한다고 알려져 있다. 하나씩 그 방법을 살펴보자.

❶ **작은 목표부터 시작하자**

처음부터 큰 결단을 내리기보다는 작은 목표를 설정하고 이를 실행하는 훈련을 해 보자. 작은 결정을 여러 번 해 보는 것이 LTP를 강화하는 데 효과적이다. 작은 성취들이 쌓이면, 신경 경로가 강화되면서 실행력이 자연스레 올라간다.

❷ **반복적으로 훈련하자**

내향인들은 '반복의 힘'을 반드시 믿어야 한다. 단번에 행동으로 옮기지 못하는 자신을 탓하는 대신, 훈련의 필요와 중요성을 다시 한번 생각하면 좋겠다. 반복적인 훈련은 신경 경로를 강화하는 과정에서 핵심이 된다. 앞서 말한 매일의 작은 목표를 설정하고 이를 달성하는 연습을 주기적으로 해 나간다. 이런 훈련은 당신의 시냅스를 강화하고 행동의 습관을 만들어 줄 것이다.

❸ 감정적 자극을 활용하자

앞에서 감정적 자극이 기억을 강화한다고 이야기했다. LTP는 감정이 결합될 때 효과적으로 발생한다. 감정적 동기와 목표를 연결하는 작업은 내향인이 결단하고 행동할 때 매우 중요한 선행 과정이다. 동기부여 과정이 내향인에게 꼭 필요하다고 말할 수 있다. 감정은 의미를 만들어 내고, 이러한 '의미'가 내향인의 동기부여에 필수 요소라는 사실을 꼭 기억해야 한다. 내향인은 '그냥'은 안 되는 사람이지만, 의미와 목표를 확실히 할 때 생각지 못한 추진력을 얻게 된다.

◆

두 번째 단계 | 우선순위 정하기

내향인은 하루 중 외부 자극을 받을 때 피로도가 빠르게 증가한다. 예를 들어 직장에서의 회의, SNS 알림, 친구들과의 대화 등 외부 자극은 에너지를 소모하게 만든다. 외향인은 이런 자극에서 에너지를 얻기도 하지만, 내향인은 금세 지치기 때문에 중요한 일에 사용할 에너지가 줄어들게 된다. 이 때문에 내향인은 에너지 관리가 중요하다.

하루에 사용할 수 있는 에너지가 100이라면, 그중 70을 중요한 일에 먼저 투자하고 20을 그 외의 일(조금 덜 중요하지만 하면 좋은 일들)에 사용할 수 있도록 계획하는 것이 좋다. 그러고 나서도 나머지 10은 어딘가에 써 버리지 말고 항시 '여분'으로 남겨 두도록 해야 한다. 내향인에게는 이 '여분의 에너지' 개념이 꼭 필요한데, 중요한 일에 몰두하다가 자신의 에너지 한계를 자주 놓치는 내향인의 속성을 염두에 둔 '안전 장치'라고 보면 된다. 그리고 타인의 일에 관심이 많고 배려심이 깊은 내향인들에게는 더욱 필요하다. 왜냐하면 이들에게는 어쩔 수 없이 타인이나 그들의 일에 급히 에너지를 써야 할 일이 종종 생길 것이기 때문이다.

이런 성향에 대해 스스로 잘 알고 있는 내향인들은 이 말이 무슨 뜻인지 공감할 것이다. 그동안 '내가 오지랖이 너무 넓다'고 생각해 온 내향인이라면, 자책하며 남 일에 아예 신경도 안 쓰려고 억지로 애를 쓰는 것보다는, 평소에 하루 에너지(신체적·정신적 에너지 모두를 말한다)를 완전히 소진하지 말고 최소한 10 정도는 늘 남겨 놓는 훈련을 하는 것이 더 좋다. 급히 나를 필요로 하는 그 누군가를 위해서 밥 한 그릇 정도 여분으로 두는 것이라 생각하고 나의 또 다른 속성인 '배려심'과 '측은지심'을 보존하는 편이 낫다.

◇ **내향인의 중요성 탐지 네트워크**

그렇기 때문에 내향인은 우선순위를 명확히 정해야 한다. 특히, 선택과 집중이 무엇보다 중요하다. 여러 가지 해야 할 일이 있을 때, 중요하고 의미 있는 일을 먼저 처리하는 것이 에너지 관리의 핵심이다. 예를 들어, SNS 피드를 보는 대신 중요한 프로젝트에 에너지를 먼저 쓰는 것이 당연히 더 현명하다. 에너지를 쓸 때는 한 번 더 자신에게 "이 일이 진정으로 중요한가?"라고 물어보자.

내향인의 뇌는 외향인과 다른 방식으로 우선순위를 정한다는 사실은 잘 몰랐을 것이다. 외향인은 중요성 탐지 네트워크가 잘 활성화되어 새로운 외부 자극에 즉각적으로 반응할 수 있다. 새로운 자극이 오면 "이건 중요해!"라는 신호를 즉각적으로 받아 행동에 옮긴다.

반면, 내향인은 새로운 자극 앞에서 신중함과 관찰 모드가 먼저 발동하는 경향이 강하다. 그리고 평소 DMN이 더 활성화되어 있어, 깊이 있는 사고와 성찰을 통해 우선순위를 정하는 방식이 내향인에게는 익숙하다. 이는 더 깊은 통찰력을 주는 큰 장점이지만, 결정을 미루거나 결단이 늦어질 수 있다.

따라서 내향인은 중요성 탐지 네트워크를 의식적으로 자극할 필요가 있다. 외부 자극을 받을 때마다 "이 일이 나에게 얼마나 중요한가?"라는 질문을 스스로 던지며, 빠르게 판단하고 우선순위를 정하는 연습을 먼저 해 보아야 한다. DMN의 깊이 있는 사고력을 살리면서도 이를 중요성 탐지 네트워크로 연결해 빠르게 결정하는 훈련을 하는 것이다.

외향인은 회의 중에 갑작스러운 과제를 받으면, 곧바로 그 과제를 처리하기 위해 행동에 나서기 쉽다. 반면 내향인은 같은 상황에서 "이 일이 내가 하고 있는 다른 일, 혹은 이전의 일들과 어떻게 연결될까?", "이 일을 어떻게 처리해야 더 효율적일까?"라고 고민하기 시작한다. 회의 이후, 혹은 과제를 듣고 난 이후 '나 홀로' 모드로 넘어가서 내향인의 DMN이 활성화되기 때문이다. 방금 회의 시간에 제시된 해당 과제뿐만 아니라, 과거와 현재 진행 중인 다른 일들의 연관성을 고민하게 되니 내향인의 머리는 늘 복잡한 상태에 놓이게 된다. 내향인은 깊이 있는 성찰을 통해 우선순위를 결정하는 경향이 있기 때문에, 때로는 결정을 내리기까지 시간이 걸릴 수밖에 없다.

하지만 내향인도 자신에게 맞는 방식으로 의식적인 훈련을 통해 중요성 탐지 네트워크를 자극하고, 중요한 일에 신속하게 반응할 수 있다. 이 과정에서 DMN의 강점을 살리면서도 빠른 판단력을 기를 수 있을 것이다. 이것은 단순히 외부 자극을 받아들이는 것을 넘어서, 스스로 결정을 내리고 판단하는 주체적인 역할을 강화해야 한다는 뜻이기도 하다.

중요한 자극을 신속하게 탐지하고 우선순위를 효율적으로 정하는 능력이 꾸준한 연습과 각성 훈련을 통해 과연 향상될 수 있을지, 의식적인 조절이 가능할지 의아할 수도 있다. 다행히도, 이것이 가능하다는 사실을 뒷받침하는 여러 연구가 있다. 뇌의 여러 네트워크 중 하나가 특히 중요한 자극을 탐지하고 이 자극을 신속하게 처리할 필요성을 인식하는 데 중요한 역할을 한다. 또한 특정 자극의 '중요성'을 탐지하여 신경 자원을 우선적으로 할당하기도 한다. 일상에서 우리가 중요한 결정을 내리고, 여러 가지 일 중에 우선순위를 정하는 과정에 이 네트워크가 관여하는 것이다. 이를 의식적으로 자극하고 활용하는 것은 꾸준한 연습과 노력으로 가능하다는 연구도 있다.◆

예를 들어, 명상이나 마음챙김, 집중력 훈련과 같은 활동이 중요성 탐지 네크워크 기능을 향상할 수 있다고 한다.◆◆ 인지 조절력을 강화하고 중요한 자극을 탐지하는 대신, 불필요한 자극을 차단하는 데도 도움을 준다. 자극들 간 우선순위에 따라 서열을 매기며 신경 자원의 효율성을 높이는 데 기여하기 때문이다.

또한 이런 활동은 실행력에도 영향을 준다. 실행력이란 어떤 자극을 먼저 처리할 것인가를 결정해서 그 결정을 행동으로 옮기는 능력이다. 실제로 중요성 탐지 네트워크는 전전두엽과 섬엽 같은 영역과도 밀접하게 연관되어 신속한 의사결정과 행동 조절을 담당하고 있다. 한 연구에 따르면, 마음챙김 훈련이 이 네트워크의 기능을 강화하고 그 결과 의사결정과 실행력이 향상된다는 결과

◆ Tang, Y.-Y., et al., "The neuroscience of mindfulness meditation.", *Nature Reviews Neuroscience*, 2005.

◆◆ Seeley, W. W., et al., "Dissociable intrinsic connectivity networks for salience processing and executive control.", *Journal of Neuroscience*, 2007.

가 도출되었다.♦ 말하자면, 마음챙김 훈련을 받은 사람들이 중요한 자극에 더 빠르게 반응했고, 그 자극을 행동으로 옮기는 데 걸리는 시간이 단축된 것이다.

세 번째 단계: 타이밍 잡기

앞서 이야기했지만, 내향인은 종종 타이밍을 놓치고 실행을 미루는 경향이 있다. '아직 준비가 덜 된 것 같아'라는 생각이 들어 행동에 나서지 못할 때가 많다. 하지만 중요한 것은, 타이밍은 스스로 잡아야 한다는 점이다. 타이밍은 기다린다고 저절로 찾아오는 것이 아니라, 스스로 결정하는 것이다. 내향인은 완벽한 준비가 될 때까지 기다리는 경우가 많지만, 완벽한 타이밍은 알아서 주어지지 않는다는 점을 기억하자. 그렇기에 적절한 타이밍은 스스로 설정해야 한다.

내향인은 자기 성찰을 통해 자신만의 리듬과 타이밍을 찾는 능력이 뛰어나다. 이러한 좋은 속성의 힘을 믿어 보면 어떨까. 이를 적극 활용해 중요한 순간을 놓치지 않도록 자신만의 타이밍을 설

♦ Taren, A. A., et al, "Mindfulness meditation training alters stress-related amygdala resting state functional connectivity: a randomized controlled trial.", *Social Cognitive and Affective Neuroscience*, 2013.

정해 보자. 다 맞지 않아도 좋다. 타석에 들어선 야구 선수가 공의 타이밍에 맞추어 타격하면서 타율을 올려 가듯, 괜찮은 타이밍의 확률을 점점 올리면 된다.

외향인은 자극이 주어지면 즉각적으로 행동에 나서며, 경험을 통해 배우는 사람들이다. 내향인도 완벽하지 않아도 행동할 수 있는 용기를 배워야 한다. 외향인처럼 작은 실패를 두려워하지 않고, 행동하면서 배우는 과정을 통해 타이밍을 잡는 능력을 키울 수 있다. 반면, 내향인은 종종 혼자서 모든 것을 해결하려고 하는 경향이 있다. 그러나 중요한 타이밍을 잡기 위해서는 외부의 도움이 큰 힘이 될 수 있다. 주변 사람들의 조언과 피드백이 매우 중요한 역할을 한다. 외부 자극을 통해 자신의 결정이 적절한지 확인하고, 실행력을 높이는 것이 내향인에게 특히 도움이 될 것이다.

예를 들어, 직장에서 새로운 프로젝트를 맡게 된 한 내향인을 상상해 보자. 그는 혼자서 모든 것을 완벽히 준비하려고 하지만, 어디서부터 시작해야 할지 확신이 서지 않는다. 자칫 중요한 타이밍을 놓칠 수 있는 상황에서, 그는 상사나 동료에게 피드백을 요청하려고 용기를 냈다. 동료들은 프로젝트의 방향을 구체적으로 조언해 주었고, 그들의 경험을 바탕으로 그는 우선순위를 더 명확하게 정할 수 있었다. 그 결과, 중요한 결정을 내리고 성공적으로 프로젝트를 완수했다.

이처럼, 외부의 피드백은 내향인에게 타이밍을 잡는 중요한 도구가 되기도 한다. 때로는 스스로 해결하려는 부담을 내려놓고 주변 사람들의 도움을 받으면 더 큰 성취를 이끌어 낼 수 있다는 것을 기억하자. 다만 타인의 말과 반응에 대해 깊이 생각하는 경향이 있는 내향인에게는 '믿을 만한 사람'을 선별하는 과정이 선행되어야 한다. 누구에게 피드백을 받을지 역시도 내향인 스스로 정해야 하고, 정할 수 있는 영역이다. 그저 주변에 있다고 해서 아무에게나 도움을 구할 필요가 전혀 없다.

◇ 타이밍을 잡는 데 도움을 주는 사람들과 상호작용하기

다른 사람과의 대화나 상호작용을 통해 얻는 새로운 관점은 종종 우리가 놓치고 있던 기회를 발견하게 해 준다. 그들과의 상호작용이 내향인에게 좋은 자극제가 되는 것이다. 내향인은 깊이 있는 사고력을 바탕으로 중요한 결정을 내리지만, 타인의 의견을 통해 타이밍을 더 잘 잡을 가능성이 여기에서 열린다.

이 과정에서 내향인은 더욱 자신감 있게 결정을 내릴 수 있고, 결과적으로 성공적인 성과로 이어지기도 한다. 친구나 동료, 또는 멘토와의 대화에서 얻는 외부 자극을 통해 더 내향인은 타이밍을 더 명확하게 인식하거나 놓치고 있던 기회를 포착할 수 있다. 이처럼 다른 사람들과의 상호작용을 적극적으로 활용해 보자. 물론 용기가 필요하지만, 더 나은 성취를 위해 혼자서만 해결하려는 부담감을 덜고 함께 해 보려고 시도하는 것이 중요하다. 내향인이 이러한 '외부의 힘'을 끌어들이는 순간, 혼자서는 불가능했던 성취를 이끌어 내는 중요한 전환점이 될 수 있다. 내향인에게도 타인은 필요하다. 중요한 사실은 도움을 청하는 것이 결코 약점이 아니며, 오히려 더 큰 성취로 나아가는 전략적 선택이라는 점이다.

◇ **기다림의 미학: 어떻게 기다릴 것인가**

그럼에도 기다림의 과정은 있을 수밖에 없다. 기회가 올 때까지 잘 기다리고 인내심이 강한 것은 많은 내향인이 갖고 있는 속성이기도 하지만, 이제는 구체적으로 '어떻게 잘 기다릴 수 있을까'를 고민해 볼 차례다. 즉 무작정 기다리는 것이 아니라, 기다리는 시간조차 자기 성장의 과정으로 전환해야 한다.

기다림의 시간을 단순히 '멈춤'이 아닌, '준비'로 생각해 보자. 내가 준비가 더 되어야 할 부분은 무엇인지, 그 시간을 어떻게 활용할 수 있을지를 따져 보는 것이다. 이 시간을 통해 내향인의 특기인 더 깊이 있는 성찰을 하면 좋다.

중요한 기회를 기다리는 중이라면 "내가 이 시간을 어떻게 더 의미 있게 보낼 수 있을까?"라고 질문해 보자. 멋진 연애 대상을 기다리는 중이라면 다양한 사람들을 만나 보는 편이 나을지, 우연한 기회로 만날 한 사람을 기다리는 편이 나을지 하나하나 짚어 보면서 구체적으로 생각해 보자. "감나무 밑에서 감이 떨어지기만을 기다리는 것 아니냐"라는 소리를 듣는다고 해서 억지로 조급하게 움직일 필요도 없다. 다만 어떤 감나무 밑을 택할지, 언제 가서 기다릴지, 누워서 기다릴지, 막대기로 나무를 쳐 보거나 바람을 일으키는 등 어떤 시도를 하면서 기다릴지 등등 상세하고 면밀하게 '계획' 해 볼 수 있다. 이 자체도 자신의 주체적인 선택에 따라 정해진다.

내향인은 이미 자기 성찰과 깊은 사고 시스템을 통해 양질의 기다림을 만들어 낼 수 있는 능력이 있다. 기다림의 시간 동안 내면세계를 정리하고, 그 시간을 자기 성장의 기회로 만드는 것이 강점이라는 사실을 다시 한번 기억하자.

결국, 준비된 사람에게 기회는 더 잘 보이게 마련이다. "하늘은 스스로 돕는 자를 돕는다"라는 말은 내향인이 명심해야 할 명구 중 하나다. 내향인은 기다리는 동안 한 치라도 더 자기 성장을 이루며 준비해서 더 좋은 결과를 얻게 될 것이다.

또한 앞서 이야기한 중요성 탐지 네트워크를 평소에 의식적으로 활성화하는 과정을 통해서 중요한 자극에 더 기민해지도록 만들자. 그러면 그 순간에 맞추어 준비된 행동에 나설 수 있을 것이다. 깊은 사고를 통해 타이밍을 분석할 뿐만 아니라, 기회를 놓치지 않기 위한 자극-반응 훈련도 빼먹지 말자. 기다림은 지루하고 멈춘 시간이 아니라 새로운 기회를 포착하기 위한 준비 과정 또는 실행을 위한 '리허설'로 만들 수 있다.

당신을 움직이는 동력은
당신 안에 있다

Chapter 3 조용하지만 강한 힘

◆
◆
◆

Quiet People

유정 씨는 학창 시절을 '소심하고 얌전한 학생'으로 지내다 대학을 졸업하고 얼마 지나지 않아 결혼하고 육아에 전념했다. 정갈하고 야무져 보이는 외모처럼 '알뜰 살림꾼'으로 열심히 살았다. 유정 씨에게는 그저 두 아이가 건강하고 행복하게 성장하는 것이 삶의 이유이자 목적이었고 그 부분에 있어서는 남편과도 협조가 잘 되는 편이라 무척 만족스러웠다. 그런 유정 씨에게 어느 날 심리적 변화가 찾아왔다. 아이들이 대학에 들어갈 무렵부터 '다른 생각'이 들기 시작한 것이다. 바로 자신의 인생 후반기, 노년의 삶에 관한 생각이었다. 워낙 계획적이고 준비성이 좋은 탓에 이미 남편과 함께 기본적인 노후 준비는 해 둔 상태였지만 그것만으로는 부족하다는 생각이 들었다. 사실 처음 얼마간은 갱년기 우울 증상처럼 느껴지기도 했다.

유정 씨는 지금까지는 말 그대로 꼭 해야 할 것들, 중요한 일들이 있었기에 필요한지도 잘 몰랐던 '사회적 위치'라는 것이 자신에게도 필요하다고 느꼈다. 20대, 30대에 자기 또래만큼 충분히 하지 못한 사회적 경험을 통해서 자신의 역량을 키워 보고 싶은 생각과 함께 말이다. 유정 씨가 택한 직종은 의외로 영업직이었다. 영업이라고 하면 대개 어렵거나 힘들어서 기피하는 경우가 많은데, 유정 씨는 오히려 직접 고객을 상대하는 '판매'를 꼭 한번 해 보고 싶었다고 했다.

"남편은 사무실에서 마케팅이나 기획 업무를 하는 편이 낫지 않냐고 했지만, 저는 오히려 그런 일이 판매에 비해 덜 매력적으로 느껴지더라고요." 남들보다 늦어진 만큼, 오히려 그렇기에 이왕이면 자신이 정말 원하는 분야에 도전해 보고 싶다는 포부를 내비쳤다.

유정 씨는 사람 사이의 직접적인 소통과 다이내믹한 상황을 선호하는 기질이 있었고, 그것이 이 선택에 여실히 드러났다. 이 대담한 도전에 가장 놀란 것은 남편이었지만, 유정 씨의 구체적인 계획을 보고 그녀의 선택을 납득할 수밖에 없었다. 정식으로 경영이나 마케팅 기법을 배우지 않았는데도 유정 씨는 "처음부터 일대일의 개인적 만남을 통한 영업에 도전하고 싶었어요!"라고 다부지게 말했다. 손에 잡히는 대로 마구잡이식으로 고객을 만나는 것이 아니라, 자신의 경험을 토대로 고객의 니즈를 파악하고 한 명 한 명 철저히 연구하는 '맞춤형' 영업을 추구했다.

그녀의 관찰력과 연구력은 판매 실적으로 속속 연결되었고 단기간에 큰 성과를 거두었다. 남들 보기에는 갑자기 영업 천재가 나타나서 '운 좋게' 이런 결과를 얻은 듯 보였지만, 세심하고 집요한 노력의 과정을 뼛속 깊이 새긴 유정 씨와 이를 옆에서 지켜본 남편만큼은 그 모든 실적이 '거저 얻은 것'이 아님을 잘 알고 있었다.

내향인 중에도 '장사'에 적합한 사람들이 있다. 사업을 좋아하고 사업이 적성에 잘 맞는 내향인이 생각보다 더 많을 수 있다. 통계적으로 볼 때 성공한 CEO의 대부분이 외향인이라는 결과가 많이 있고, 과거 서구 문화권에서는 확실히 그 비중이 높았다. 그렇지만 이 통계조차도 변하고 있으며, 특히 한국에서는 '리더는 외향인일 것이다'라는 고정관념과 다른 현실이 종종 펼쳐지곤 한다. 실제로 조직 곳곳에 비즈니스 능력이 뛰어난 내향인들이 숨어 있다.

2004년 대한상공회의소의 국내 CEO 성격 조사에서 내향인이 외향인보다 두 배 더 많다는 결과가 나왔다! 마케팅 전문가나 경영 전문가 중 내향인의 비율이 꽤 되는데도, '리더십=외향성'의 등식은 왜 쉽게 사라지지 않을까? 이는 내향인이 전면에 잘 나서지 않는 특성도 한몫한다. 내향적인 리더들에게는 스스로 외향성을 '개발'해 내는 재능이 있다. 그들은 내면에서 무언가 뜻한 바나 목적, 명확한 이익이 있으면 실제 행동으로 옮기려고 노력하는 힘이 상당히 세다. 의미를 지향하는 성질과 시너지를 일으키는 것이다.

여기서 내향형의 '뜻한 바'라든지 '명확한 이익'이란 대개 물질적인 데 있지 않다. 내향인은 자신의 자존감, 존재감이라는 크나큰 과제를 달성하기 위해 분연히 일어나고 스스로 도전을 시작한다. 살기 위해서, 갱년기와 함께 찾아온 고민과 우울에서 벗어나고 싶어서 시작했던 영업이 유정 씨의 실질적인 커리어를 만들어 낸 것이다. 그녀는 여전히 사람들을 만나는 것이 편안하지만은 않다고 고백한다. 그럼에도 일에서 분명한 성취감이 있고, 그 불편을 이겨내고 좋은 사람들과 좋은 관계를 유지하는 자신의 모습에서 때로는 '기특함'이 느껴질 정도로 자신의 노력을 통해 얻는 만족감이 더 크다고 했다.

대부분 내향형은 대인관계에서 수동적이고 소극적인 모습으로 그려진다. 실제로 내향형은 혼자 있는 것을 좋아하고 다른 사람들이 없는 고요한 순간을 상당히 '애정'하는 면이 있다. 그런데 이들이 마치 외향인이라도 된 것처럼 대중을 향해, 또 사회 커뮤니티 속으로 뛰어들 때가 있다. 이들 내면의 무언가가 깨어난 것이다. 꺼져 있던 불이 켜지듯, 잠자고 있던 어떤 내적 욕구가 'ON' 상태가 되면 사뭇 대범한 행보를 보이곤 한다. 주변 사람들로부터 "의외로 야망 있는 사람이었어!"라는 소리를 듣게 되는 순간이기도 하다.

내향인의 대인 접근 방식은 외향인과 많은 차이를 보인다. 외향인의 경우 사람들이 모여 있다는 이유만으로도 별생각 없이 그쪽으로 다가가기도 한다. 꼭 시간이 남아서가 아니라 '관심 에너지'가 이미 외부를 향해 뻗어 나갔기 때문이다. 관심 에너지란 다른 누군가가 "여기 좀 보세요!"를 외치지 않아도 스스로 관심을 두는 것, 나로부터 외부로 뻗어 나가는 에너지를 말한다. 개방적인 외향인은 그저 사람이란 대상이 옆에 있기만 해도, 눈에 띄기만 해도 자연스레 이런저런 이야기를 나누는 것이 가능하다. 반면, '관심 에너지'의 기본 설정이 자기 내부를 향해 있는 내향인들은 외부에 있는 사람들을 향해 그냥 뛰어드는 법이 없다.

여기서, 내향인과 외향인의 특성을 좀 더 살펴보자. 외향인은 사람이 보이기만 해도 자연히 다가갈 수 있는 특성을 가진 데 반해, 내향인은 어떤 대상이 눈에 보인다는 이유만으로 마냥 움직이지 않는다. 사실 평소에 타인에게 시선이 향해 있지 않은 경우도 허다하다.

그들은 그 대상이 자신에게 의미와 목적을 지니게 될 때, 말하자면 자기 안에서 '타깃'이 형성될 때(내적 타깃이라 부르자) 움직이는 성향이 있다. 이런 내향인을 움직이게 하는 동력은 결국, 그들 '안'

에 있다. 바로 무언가 뚜렷한 목적과 필요, 자신에게 돌아올 것으로 기대되는 이득, 즉 베네핏benefit이 있을 때만 움직인다. 움직임이 멈출 때도 마찬가지 이유에서다. 움직일 만한 이유가 없거나 이득이 플러스(+)에서 마이너스(-) 쪽으로 향했기 때문이다. 이를 두고 지극히 '이기성'에 바탕을 둔 행동이라고 해석할 수 있다. 실제로 많은 내향인들이 개인주의적인 면을 보이기도 하고 "이기적이다" 혹은 "폐쇄적이다"라는 소리를 듣곤 한다.

사실 이기적인 속성이란 것은 인간의 보편적 특징이고, 외향인이라 해서 크게 다를 바가 없는데 이런 소리를 자주 듣는다면 억울할 수도 있겠다. 외향인도 꼭 이타성을 발휘하거나 타인을 깊이 생각해서 다가가는 것이 아니라, 그들 스스로 좋아서 혹은 편해서 사람들에게 다가가는 것이니 말이다. 외향인들은 사람들과 인사하고 어울리는 목적이나 이유가 '그냥'이라는 말로 덮이곤 한다. 때로는 외향인들이 훨씬 더 관대한 칭찬을 받기도 했다. "사람 자체를 좋아하는 순수한 사람이야!"라고.

그렇다면 내향인은 사람을 어떤 목적을 위한 수단이나 도구로 여기는, 순수하지 않은 사람이라는 말일까? 사람을 더 좋아하고 덜 좋아하는 것과 사람을 대하는 자세와 태도가 성숙한가 아닌가는 별개의 영역이다. 우리는 타고난 '성향'과 후천적 성숙을 위한 노력으로 형성된 '성품'을 혼동하는 경우가 많다.

앞에 등장하는 유정 씨는 가족 모두 내향인인 집안에서 '모태 내향인'으로 살아온 사람이다. 무엇보다 그 자신이 전반적인 내향인의 분위기나 태도에 걸맞게 살아가는 데 전혀 불편함을 느끼지 않고 있었다. 어떤 면에서 내향인의 됨됨이를 그 누구보다 잘 알고 있는 사람이기도 했다.

여기서 내향인의 됨됨이란 무엇일까? 이들은 또래들과 어울릴 때도 스스로를 크게 부각하거나 나대지 않는다. 그렇다. 내향인들은 어쩌다 주목을 받게 되면 오히려 어색함을 느끼고 민망해하곤 한다. 하지만 I의 비중이 100퍼센트, E의 비중이 100퍼센트인 사람은 없다. 타고난 기질에 더해 사회화를 거치며 주어진 환경과 상황에 따라 밸런스를 맞추어 가는 것이다. 필요한 순간, 중요한 상황에서 자신의 에너지를 꺼내 쓸 수 있는 능력이 그들에게는 있다.

자신의 내적 행복과 삶의 목표를 위해 '필요하다면' 기꺼이 타인을 향해, 세상을 향해 자기 에너지를 거침없이 쓸 수 있는 것도 내향형에게서 볼 수 있는 매력적인 모습 중 하나다. 이들은 그냥 행동하지 않는다. 한 사람을 만날 때도, 비즈니스 미팅 하나를 소화할 때도 의미를 되새기고, 가능한 한 철저히 준비하려고 한다. 온 힘을 다해서 "오늘 하루도 최선을 다하자!"라고 외치며 나아가는 사람들이다. 그럴 때 내향형은 "행복하다"고 말한다.

사고력을 실행력으로
바꾸는 방법

Chapter 3 조용하지만 강한 힘

MBTI 유형 중에서 'IN-' 유형(INTJ, INTP, INFJ, INFP)은 말 그대로 내향형 중에서도 내면세계로 더 '들어가는in' 특성을 보인다. 여기서 말하는 'IN-' 유형은 MBTI에서 내향형과 직관형intuition, N이 결합한 유형을 뜻한다. 이 유형의 사람들은 내면세계와 직관적 통찰에 크게 의존하는 경향이 있어, 현실보다는 상상과 사고 속에서 에너지를 얻는다. 이들은 종종 '뜬구름 잡는 이야기'에 빠져들며, 이런 내적 탐구가 삶의 원동력이 되기도 한다.

그러나 이처럼 깊이 몰입한 내면세계는 때때로 갑작스러운 행동이나 결정으로 이어지기도 한다. 갑자기 불쑥, 툭 튀어나오는 것 같은 돌발 발언이나 돌출 행동 말이다.

'IN-' 유형은 내면에서 얻은 영감이나 통찰을 현실에 구현하고 싶은 충동을 느끼고, 그로 인해 갑작스럽게 새로운 시도를 하거나 예상치 못한 제안을 하는 경우가 있다. 이들에게는 생각과 상상을 행동으로 옮기고 싶은 순간이 불쑥 찾아오며, 이는 특유의 창의성과 결단력을 보여 주는 모습으로 볼 수 있다.

사실, 이른바 '갑툭튀'로 표현할 수 있는 이러한 면모는 우리가 익히 알고 있는 전형적인 I의 조용하면서도 신중한 모습과는 대조적이다. 그래서 'IN-'은 내향형 중에서 특별하게 여겨지거나 언뜻 외향형처럼 보일 수 있다. 그러나 '갑툭튀' 현상이야말로 내향인이 가진 내면세계 중심의 특성이 극대화되었을 때 어떤 힘을 보여 줄 수 있는지 잘 드러낸다. 현실 세계의 장벽을 뛰어넘고 소심함도 넘어서, 자신감 있고 당당하게 세상과 타인들 사이에서 존재감을 보여 줄 수 있다는 말이다. 팽창된 내면세계와 숙성된 독창성, 상상력은 세상에 영향을 미치고 변화의 전환점을 만들어 낸다.

더불어 이 전환점은 이전에 머릿속에서 시뮬레이션된 세세하고 집요한 계획을 만나 성과 높은 실행력으로 이어진다. 늘 조용하게 침묵을 지키는 것 같지만 한 번씩 크게 한 방을 치는 누군가가 떠오르지 않는가? 그들은 늘 조직 안에서, 관계 안에서 신뢰할 수 있는 믿음직한 존재로 자리매김하고 있다. 이번에는 이 내면의 숙고를 실행력으로 옮기기 위해 그들 내면에 먼저 자리 잡아야 하는 요소들을 살펴보도록 하자.

자신을 믿어야 하는 이유

내향인에게 '자신을 믿는다는 것'은 특히 중요하다. 자기 확신에 관해서라면 너도나도 할 말이 많을 것이다. 사회가 복잡해질수록, 대인관계가 다각화될수록 자기 스스로 중심을 잡고 내적인 확신을 확보하는 문제는 선택이 아니라 필수적인 무기가 된다. 내향형이든 외향형이든 모두에게 중요한 '자기 확신'의 문제를 여기서 한 번 더 강조하려고 하는데, 내향인은 그 어떤 것보다 자기 확신을 키우는 것을 삶의 최우선에 두고 이것부터 달성하지 않으면 외향인보다 더 큰 어려움에 빠질 수밖에 없기 때문이다.

반대의 상황을 먼저 살펴보면 훨씬 이해가 쉽다. 특히 섬세하고 집요한 기질을 가진 내향인의 경우, 명확한 계획과 검증이 없으면 불안을 느끼며 자기 확신이 떨어지는 경우가 많다. 주의해야 할 것은 자기 자신을 믿지 못하면 결정적인 순간, 안타까운 상황에 놓이는 경우가 많다는 점이다. 그렇다면 이런 기질의 사람이 자신을 믿지 못하는 경우 어떤 어려움과 위험 요소를 만나게 될까?

자기 자신을 잘 못 믿겠다며 진료실에 찾아온 한 청년의 사례를 살펴보자.

동현 씨는 내향성이 강한 청년으로, 항상 자기 생각과 감정을 내면에 간직했다. 그러던 어느 날, 친구들과 함께하는 프로젝트 모임에서 새로운 아이디어를 제시했다. 그 아이디어는 독창적이었고, 그 자체로 훌륭한 가치를 지니고 있어서 다른 친구들 모두 동현 씨의 의견에 호응을 보냈다. 몇 가지 검토 과정은 남았지만 최종 의견으로 채택될 가능성이 컸다.

모두 기분 좋게 모임을 마무리하고 돌아가는 듯 보였는데 이때부터 동현 씨는 기분이 '찜찜'해지기 시작했다. 당시만 해도 정확한 이유는 몰랐지만 왠지 예민해지는 자신을 느꼈다. 다른 이들의 반응에 민감해졌고 특히 가족들에게 자신도 모르게 짜증 섞인 반응을 보였다. 친구들의 시선과 평가에도 민감해져, 자신감이 흔들리기 시작했다. 처음에 다른 친구들이 자신의 의견에 호응해 주고 주요 아이디어로 결정될 것 같았을 때는 순간 으쓱해지는 기분이었지만, 지금은 괜히 나중에 일이 잘못되기라도 하면 자신에게로 책임 추궁이 향할까 걱정되기도 했다. 의견을 낸 것조차 후회스러워져 이후로는 아이디어를 소극적으로 전달했으며, 다른 이들의 주목을 받는 것도 더 두려워졌다.

실제로 처음 의견을 냈던 모임이 끝난 후, 동현 씨는 "내 아이디어가 정말로 좋았을까?"라는 의문을 '자동으로' 품었다. 집에 와서도 밤새 내적 세계에 갇혀, 스스로 자기 아이디어의 가치를 과

> 소평가했다. 이러한 과정에서 동현 씨는 내면의 강점인 '독창적인 생각과 창의적 발상'의 의미를 놓쳤고, 자신의 생각을 표현하는 것에 대한 두려움만 더욱 커져 갔다.

특히나 내향인은 '자기 확신'이 생략되어 버리면 더 극심한 내적 혼란을 겪을 수 있다. 그래서 나는 그들에게 자존감이나 자기에 대한 믿음이 낮은 경우 이 부분부터 좋아져야 한다고 강조하곤 한다. 그러면 어떻게 해야 자기 확신을 키우고 조금 더 자신을 믿을 수 있을까? 동현 씨의 경우, 다음과 같은 세 가지 솔루션을 제안하고 시도해 보았다.

❶ 위험 시나리오와 백업 플랜 작성하기

동현 씨는 아이디어가 실패할 경우 그 책임이 자신에게 돌아올 것이라는 두려움 때문에 의견 제시에 대한 불안을 느꼈다. 이러한 불안을 완화하기 위해 '위험 시나리오'와 '백업 플랜(예비 계획)'을 미리 작성하는 방법을 제안했다. 동현 씨는 아이디어의 잠재적 위험 요소를 구체적으로 예측하고, "무엇이 잘못될 수 있는가?"라는 질문을 통해 이에 대한 대응책을 마련했다. 동현 씨 특유의 고민이 많고 신중한 면을 적극 활용한 것이다. 이렇게 미리 리스크와 해결책을 점검함으로써 동현 씨는 불안을 줄이고, 아이디어에 대한 자신감을 키울 수 있다. 이 준비 과정은 동현 씨가 자신의 아이디어를 제시할 때 더욱 주도적인 태도를 가지게 해 준다.

❷ 리허설 무대 만들기: 모의 평가와 중간 피드백

동현 씨의 불안은 아이디어에 대한 평가가 한 번에 최종 결정으로 이어진다는 부담에서 발생했다. 완벽해야 한다는 생각이 강한 데서 비롯된 것이기도 한데, 이를 해결하기 위해 최종 결정 전 모의 평가를 위한 '리허설 무대'를 마련하는 것을 제안했다. 동현 씨는 프로젝트 시작 전에 스스로 간단한 발표나 피드백 세션을 통해 아이디어의 타당성을 미리 검증하는 기회를 얻는다. 이러한 중간 점검 절차를 통해 큰 결정을 한 번에 내릴 필요 없이 단계적으로 피드백을 받으며 아이디어의 가능성을 재확인할 수 있다. 이는 최종 결정에 대한 부담을 줄이고 아이디어에 대한 확신을 키워줄 수 있다.

❸ 고민 한도 설정: 고민 시간을 제한하여 불안감 해소

동현 씨와 같은 내향인은 하나의 문제에 몰두해 과도하게 반추하며 불안이 커지는 경향이 있다. 이를 방지하기 위해 '고민 한도 설정' 방식을 도입하여, 특정 시간 동안만 고민한 뒤 그 주제에 대한 고민을 멈추는 연습을 제안했다. 동현 씨는 매일 저녁 15분에서 20분 정도 자신의 아이디어에 대해 고민하고, 그 시간을 넘기면 관련된 생각을 멈추고 다른 활동으로 전환했다. 제한된 고민 시간을 정해 두면 불필요한 자기 반추에 빠지지 않아 불안이 줄어들고, 생각을 더 정리된 상태로 유지할 수 있다. 시간이 지나면서 동현 씨는 문제를 깊이 생각하되 필요 이상으로 몰두하지 않도록 스스로 훈련하며, 불안을 조절하고 자기 확신을 강화할 수 있게 되었다.

물론 자존감 증진은 말처럼 쉽지 않다. 하지만 내향인에게는 그보다 더 심각한 문제가 있을 수도 있다. '자기에 대한 믿음'이라는 단어에는 혼란스러움의 장벽이 있다. 자기에 대한 확신, 자신을 믿는다는 것, 이러한 자기 신뢰에 대한 단어 자체부터 내향인에게는 여러 가지 불안이나 어색함을 불러일으킬 수 있다는 점이다. 어떤 두려움인지에 대해 더 구체적으로 알아보자.

타인과 유연하게
어우러지기

Chapter 3 조용하지만 강한 힘

Quiet People

자기 확신이 낮은 내향인들이 자주 하는 말이 있다. "선생님, 자기를 너무 믿는 것도 곤란하지 않나요?" 그렇기에 더욱 내향인은 진정한 자신을 믿는 '자신감自信感'과 자기 과신에 함몰되는 '자기 몰두'를 구분해야 한다. 아래에서 살펴볼 이야기는 자신을 너무 믿어서 탈이 된 경우를 보여 주는 사례다. 자기 과신은 어떤 위험을 가져올까?

> 지훈 씨는 내향적인 성향을 가진 개발자이자 팀의 리더다. 그는 자신만의 아이디어와 방식을 중요시하는 편이었다. 보통의 내

향인들이 그러하듯 독립적으로 일하는 것을 좋아하며 자기 판단에 대해 강한 믿음을 가지고 있었고 책임 의식도 투철했다.

어느 날 프로젝트 회의에서 지훈 씨는 팀원들이 제안하는 아이디어를 모두 거부하고 자신만의 방향을 고수하기로 결정했다. 처음에는 그의 독립적 태도가 팀원들에게 신뢰를 주고 긍정적으로 받아들여졌지만, 시간이 지날수록 팀원들은 자신들의 생각과 의견이 무시되고 있다고 느꼈다. 이때 지훈 씨는 자신만의 아이디어가 최선이라는 판단에 몰두해서 협업의 중요성을 간과하고 있었다.

프로젝트가 진행되면서 지훈 씨의 독자적이고 다소 강압적인 태도는 팀 내 자유로운 의사소통을 저해했고 팀원들은 참여 의욕을 잃어 갔다. 결과적으로 프로젝트의 진행은 더뎌졌으며 이는 전체 성과에도 영향을 줄 수밖에 없었다. 지훈 씨는 자신이 좋은 아이디어를 내놓았고 최선의 방법을 제안했는데도 잘 따라오지 않고 소극적인 팀원들에게 불만이 쌓였고, 자신의 리더십에 대해서도 회의감이 들기 시작했다.

자신만이 옳다고 믿는 내향성이 지나치게 강할 경우, 이와 같이 협업이나 팀워크에 손상을 입힐 수도 있다. 지훈 씨의 아이디어가 모자라거나 나빠서의 문제가 아니라는 점이 더 안타까웠다. 지훈 씨는 다양한 아이디어와 관점을 배제하는 것 자체가 팀 협업에 부정적인 영향을 미친다는 단순한 진실을 뒤늦게서야 깨달았다. 아이디어가 탁월한 내향인이 그 자체만으로 좋은 리더가 될 수 없다는 사실은 내향인 리더가 알아야 할 필수 항목이라 할 수 있다. 상호작용과 소통이 부족하면 팀원들 간의 신뢰도가 떨어질 뿐만 아니라 업무 효율성도 당연히 떨어지게 된다. 궁극적으로 팀원들의 이야기를 수용하지 않고 고집부리는 행동은 팀 내 의사소통의 원활함과 자유로운 흐름을 방해하는 결정적 '장애물'이 된다. 이는 대부분의 조직과 기관을 경직되게 만들곤 한다.

팀의 성공을 이끄는 핵심적인 요소는 개인의 경우와는 달리 리더의 특출한 아이디어가 아니다. 한 사람이 아니라 '팀'이기 때문에 다양한 의견이 모이고 조화롭게 결합하는 것이 더 중요하게 작용하며, 리더의 유연성이 있고 없고가 사실상 영향이 크다고 할 수 있다. 팀의 목표를 위해 협력하고 소통하는 것은 상투적인 슬로건 같은 것이 아니라 실질적이고도 필수적인 요소라 할 수 있다.

자신을 너무 믿는 내향인은 사회적인 관계의 도전과 교감의 영역에서 제일 무섭고 위험한 복병일 수 있으며 특히 리더의 역할을 맡게 될 때 유의해야 한다. 자신을 믿는 것은 자기 자신을 강화하는 데 도움이 될 수 있지만, 이를 지나치게 고수하는 것은 협력과 다양성을 희생할 수 있다. 내향적인 사람들, 특히 내향인 리더는 자기 믿음을 유지하면서도 타인의 의견과 아이디어를 존중하고 통합하는 데 노력해야 한다. 협력과 공감을 통해 조직 전체의 효율성을 높일 수 있다. 이를 위해 '공기형 내향인'의 역량을 개발하는 것이 도움이 된다.

◆ 공기처럼 어디에나, 누구와도 있는 내향인

내향인은 사회 속에 있을 때 '잘 보이지 않는' 측면이 있다. 돌출되지 않고 평범해 보이는 면을 가지고 있다. 그렇지만 이미 알고 있다시피, 그 내면에는 풍부한 깊이 혹은 비범함이라고 부를 만한 자질이 숨어 있는 경우가 많다. 이 비범함의 정체는 자기 고유의 세계관이라든가 자신만의 가치와 내적 세계를 구축하는 데서 비롯된다. 정작 내향형 인간 스스로는 "제가 고집이 좀 세죠" 하고 자주 폄훼하는 부분이기도 하다. 그렇다고 정말 자신의 고집을 뜯어고치는 경우는 별로 없지만 말이다. 자기 내면의 풍부함과 깊은 사색은 내향인이 가진 아주 매력적인 속성 중 하나다.

다음에서 설명하고자 하는 '공기형 내향인'들은 주변 환경과 타인들을 거칠게 자극하거나 거스르지 않으면서도 자신만의 매력을 오랜 시간 보존할 수 있는지를 잘 보여 주는 유형이라 할 수 있다. 이들의 키워드는, 보이지 않지만 깊이 흐르는 내면을 가진 유연한 존재가 되는 것이다. 이 특성을 조금 더 탐구해 보자.

대화를 하면 할수록 이들에게서는 확실히 '깊이'가 느껴진다. 깊이 있는 생각과 감정을 숨기거나 스스로를 '단순하고 평범한 존재'로 여기지만 알고 보면 다양하고 풍부한 경험과 아이디어를 가지고 있다. 공기형 내향인들은 멀리서 보나, 가까이서 보나 조용한 편이다. 그렇지만 이는 단순한 고요함이 아니라 내적 소통이 활발하고 풍부한 데서 비롯되는 결과다. 마치 공기처럼 활동이 눈에 띄지 않지만, 많은 것을 보고 듣고 관찰한다. 주변과 상호작용함으로써 자신만의 고유한 가치와 의미를 발견한다. 자신과의 대화가 일상이라 타인이 없을 때도 '소통'이 가능하다.

이들을 '공기형'이라고 지칭하기로 한 것은, 바로 자유로운 확산과 결합이 가능하기 때문이다. 이들은 소통을 매우 갈망하지만 그렇다고 혼자 도드라지거나 주목받는 것 자체를 즐기진 않는다. 오히려 많은 사람과 유연하게 어우러지거나, 관심 있는 대상과 깊이 연결되기를 원한다. 공기는 자유롭게 확산되며 다양한 물질과 결합하는 특성이 있다. 이런 내향인은 자신만의 공간에서 자유롭게 생각을 확산하면서도, 외부의 다양한 아이디어들과 만나고 결합하여 또다시 창의적이고 독창적인 결과들을 얻어 내는 데 큰 만족을 느낀다.

마치 공기가 필요한 순간에 자리 잡듯, 내향인 또한 필요한 때에 자신의 존재를 강하게 드러낼 수 있다. 외향인에 비해 겉으로 보이는 교류는 적어 보일지 몰라도, 필요한 순간에 자신만의 독특한 역할과 아이디어로 주변을 환하게 비추어 줄 수 있다. 또한 중요한 '인사이트'를 제공하는 역할을 맡을 수도 있다.

공기형 내향인 비유를 통해서 내향성이 갖는 유연성, 고요한 깊이와 상황에 따른 적응력, 타인을 포용하고 그들의 다양한 아이디어와 결합하는 능력 등에 주목해 보자.

◆
내향인은 모닥불과 바닷가를 좋아한다?

내향인은 '고독한 공간과 시간'을 선호한다. 이 속성은 많은 사람이 익히 알고 있는 내향인의 주요 특성이다. 그렇지만 생각보다 자주 오해가 발생하는 지점이기도 하다. 이참에 분명히 해 두어야 할 것이 있다. 내향인이 곧 은둔형 외톨이는 아니다.

내향인의 고독을 이야기할 때 간혹 '독방'에서 두문불출하는 상황을 떠올리곤 한다. 물론 자신만의 작업실에 틀어박혀 있을 때도 있지만 이들의 고독하고도 고요한 시간은 의외로 사람이 많은 광장, 카페, 도서관 등 오픈된 장소에서 시작되고, 궁극적으로는 자연과의 어우러짐을 추구한다.

아래에 내향인이 에너지를 충전하는 두 가지 장면을 설정해 보았다. 이 상황을 상상하면서 한번 읽어 보자.

장면① 내향인과 조용한 모닥불

"(조용한 목소리로) 어디서나 들리는 외침과 소란이 피곤해…. 나만의 작은 섬에서 조용함을 찾고 싶어."

장면② 바닷가에서의 깊은 사색

"바닷가는 언제나 나를 안정시켜 줘. 파도 소리는 마치 내 마음의 고요함을 알아차리고 나에게 귓속말을 속삭이는 것 같아."

내향형 인간은 더 혼자서 고독을 즐기는 괴짜처럼 보이지만, 사실 내향인이 필요로 하는 것은 '에너지 충전'이다. 내향형의 특성상 이들의 에너지는 확실히 조용함과 고요함 속에서 생성되고 모인다. 그러니 이들이 고독을 즐기고 있다거나 외로움과 홀로 싸우고 있다는 말도 현상적인 설명에 가깝고, '에너지를 모으는 중'이라는 표현이 그 본질에 더 걸맞다. 아무리 설명해도 가족들이나 주변 사람들이 이러한 내향인의 특성을 잘 모르거나 이해하기 어려워하면 그냥 '충전 모드'라고 방문에 팻말을 붙이거나 SNS 프로필에 써 두는 편이 더 현명한 방법일 수 있다.

에너지 충전 방식 때문에, 독창적인 아이디어와 사상도 이러한 조용하고 고독한 환경 속에서 생겨난다. 내향형 작가나 예술가 들은 자신의 수면 주기와 바이오리듬에 따라, 모두가 잠든 야심한 밤이나 남들이 미처 일어나기 전인 꼭두새벽에 창작 활동 하기를 선호한다. 한 내향인 내담자에게 일반적인 활동 시간인 낮이나 오후에는 작업하기가 어렵냐고 물어보았더니 다음과 같이 대답했다.

"밤이 주는 기분 좋은 느낌이 있어요!"

"낮에 시끄러워서 밤에 일하는 것만은 아니에요. 개인 작업실과 공간이 있어서 작업 자체는 가능합니다. 그렇지만 해가 지고 밤이 되면 진짜 저 혼자만 이 세상에 깨어 있는 듯한 느낌, 그런 고요함이 있거든요. 그게 저를 편안하게 하고 집중이 훨씬 잘 돼요."

내면 중심에 위치한 에너지 저장고에 서서히 에너지가 차오르기 시작하면 그제야 내향형은 외부로 눈을 돌릴 수 있다.

내향인은 자신의 감정과 내면세계가 중요하다. 이들은 자신의 감정에 민감하게 반응하고 자신의 생각과 내면에 집중하는 사람들이다. 외부 세계보다는 자신의 내면세계에 더 많은 관심을 기울이는 특성이 있다. 외부 경험 그 자체가 내향인에게 자극을 주기는 어렵다. 내향인의 내면세계를 건드리고 감정을 일으킬 때, 어떤 생각을 떠올리게 할 때 비로소 의미 있고 영향력 있는 경험으로 인식된다. 결국에는 '내적 자극과 내적 경험'의 영향이 가장 중요한 셈이다. 그래서 내향인이 한창 자신의 상상과 생각에 몰두할 때는 바깥에 무슨 일이 일어나는지 잘 모를 뿐만 아니라 어떤 사람이 있어도 이에 별 관심을 두지 않는다.

또한 내향인은 신중하고 깊은 사고를 한다. 생각이 많은 것은 내향형뿐 아니라 외향형에서도 볼 수 있는 특성이다. 그런데 '시간을 많이 들인다'는 점에서 내향형과 외향형의 차이가 분명해진다. 그리고 같은 내향형이라 하더라도 신중함과 심사숙고의 정도는 얼마든지 다를 수 있고, 한 개인이라 하더라도 관심 사안에 따라서 달라질 수 있다. 그럼에도 확실히 내향형은 전반적으로 생각에 들이는 시간이 많고, 이러한 속성 때문에 '뜸을 많이 들인다'라거나 '우유부단하다'라는 소리를 듣기 쉽다.

하지만 이 특성은 전문 분야에 특화된 경향을 나타내기도 한다. 내향성이 강한 사람들은 종종 깊이 있는 전문성을 발휘한다. 특유의 심사숙고함이 어떤 특정 분야에 제대로 정착하게 되면 오랜 시간을 들여서 숙성하듯 '달인'이 될 수 있다. 한 자리를 파고 또 파는 습성과 점점 세부적으로 뾰족하게 들어가고 싶어 하는 속성은 내향인이 전문성을 획득하는 데 있어서 크나큰 장점이자 무기다.

슈퍼 마인드 테스트

당신의 내면에 얼마나 강력한 슈퍼 마인드가 깃들어 있는지 알아보자. 다음의 각 질문에 '전혀 그렇지 않다'는 0점, '거의 그렇지 않다'는 1점, '가끔 그렇다'는 2점, '자주 그렇다'는 3점, '매우 그렇다'는 4점으로 응답하고 각 질문의 점수를 합산한다.

❶ 나는 복잡하거나 어려운 문제를 깊이 파고들어 핵심을 통찰하는 능력이 있다.	
❷ 겉으로 드러나지 않는 감정이나 분위기를 잘 감지하고 해석하는 편이다.	
❸ 나는 내면의 감정과 생각을 잘 알아차리고, 스스로를 돌아보는 습관이 있으며 이 시간을 통해 내가 원하는 방향을 재정비한다.	
❹ 내가 중요하게 여기는 가치는 외부의 기준보다 내면의 기준에 의해 결정된다.	
❺ 하루 중 나만의 조용한 시간을 통해 생각을 정리하거나 에너지를 충전한다.	
❻ 나는 중요한 결정을 내릴 때, 외부 반응보다 내면의 직감과 신념을 더 신뢰한다.	
❼ 사람들과 함께 있을 때보다, 관계 이후 떠오르는 감정이나 의미에 더 집중하고 이를 통해 사람이나 관계의 특성을 명료화한다.	
❽ 나는 하나의 주제나 일에 몰입할 때, 오래 지속되는 집중력을 발휘할 수 있다.	
❾ 조용히 혼자 있을 때, 세상과의 연결감이나 충만함을 느끼는 경우가 있다.	

❿ 나는 타인과 일정 거리를 두되, 깊은 관계를 유지할 수 있는 능력을 갖고 있다.	
⓫ 나는 겉으로는 조용하지만, 나만의 방식으로 주변에 기여하고 있다.	
⓬ 나는 생각이 많을 때, 그것을 글이나 창작 활동으로 풀어 낼 줄 안다.	
⓭ 나는 비언어적인 단서나 미묘한 변화에서 의미를 찾아내는 데 익숙하다.	
⓮ 내향적인 성향 때문에 생긴 오해를, 상대와의 관계 속에서 풀어 본 적이 있다.	
⓯ 나는 내향적인 기질이 오히려 나 스스로를 강하게 만들었다고 느낀다.	
	합계

총점	유형	슈퍼 마인드 발휘 정도
0~14점	숨은 내향인	내향성? 그게 뭔데요…
15~29점	헤매는 내향인	알고는 있는데 잘 안 됨
30~39점	깨어나는 내향인	감 잡는 중, 조금 더 연습이 필요함
40~49점	균형 잡힌 내향인	조용하지만 단단함
50~60점	슈퍼 마인드 내향인	고요한 자신감, 내면의 달인

◆ **숨은 내향인 | "내향적인지도 모르겠고, 그냥 피곤합니다…"**
당신은 아직 자신의 내향성에 익숙하지 않거나, 바쁜 일상 속에서 내향인의 감수성을 그냥 눌러 놓고 사는 중일 수 있다. 세상이 외향 중심으로 흘러가다 보니, 나도 모르게 '이렇게 살아야 하나?' 하고 방향을 잃었을 수도 있다.
혼자 있는 시간, 그냥 누워 있지 말고 자신이 왜 이렇게 지쳤는지 한 줄이라도 적어 보자. 조용한 카페나 공원에서 나만의 속도로 숨을 돌려 보는 것도 좋다. 누가 뭐라 해도 '조용한 것이 나답다'는 사실을 한 번쯤 믿어 보자.

◆ **헤매는 내향인 | "나 내향인 맞는 것 같은데… 왜 이렇게 힘들죠?"**
내향인의 성향을 눈치는 챘지만, 아직 잘 써먹지 못하고 있는 단계. 조금만 방심하면 자기 비판 회로가 켜지고, 사람이라도 만나고 오면 '뒤풀이 분석' 10번 돌리느라 탈진한다. 세상과 너무 안 맞는 느낌이 들 수도 있다.
'왜 그랬지' 대신 '그때 나는 나름대로 괜찮았다'로 마무리하는 연습을 하자. 말이 없다는 것이 정말 문제일까? 오히려 깊이 생각 중이라는 뜻 아닐까? 남들보다 반 템포 느려도, 당신의 페이스는 당신이 정하는 것이다.

◆ **깨어나는 내향인 | "나, 이제 좀 알 것 같아요!"**
내향인의 특징을 어느 정도 알고, 그것을 조금씩 생활에 적용하는 중. 가끔은 외향인스러워야 할 것 같아 억지로 웃기도 하지만, 돌아와서는 '나다운 것이 최고지' 하고 다독이는 모습을 보인다.
회의 중 말을 못 하더라도, 메일 한 통으로 진가를 발휘하자. '나만 왜 이렇게 예민하지'라고 생각하지 말고, '이 예민함이 관찰력!'이라고 당당하게 생각하자. 혼자만의 시간에 충전되는 것을 당당하게 인정해도 된다.

◆ **균형 잡힌 내향인 | "조용한데, 은근히 단단한 나"**

당신은 내향성의 장점을 실생활에 잘 녹여 쓰고 있다. 생각은 깊고 말은 신중하며, 꼭 필요한 사람과는 진심으로 연결하려 한다. 조용한 추진력과 관찰력으로 은근히 큰 그림도 잘 그리는 편.

'이건 나만 느낀 것일까?' 싶으면 그 생각이 통찰일 가능성이 높다. 가끔은 외향인 흉내를 내지 말고, 내 방식 그대로 살아도 충분하다. 당신의 조용한 존재감, 의외로 주변에 큰 울림을 준다.

◆ **슈퍼 마인드 내향인 | "내향성, 이젠 내 무기입니다"**

내향인의 모든 강점을 마음껏 활용하고 있는 내면 고수! 관찰력, 통찰력, 자기 성찰, 관계의 깊이⋯ 모두 최고 레벨이다. 소란한 세상에서도 흔들리지 않고, 내 리듬대로 살아가는 당신은 조용한 힘의 아이콘.

이젠 내향인의 리더십도 발휘해 보자. 당신의 말수는 적어도 영향력은 크다. 당신의 깊은 성찰력으로 타인과도 진짜 연결을 만들어 갈 수 있다. 슈퍼 마인드, 주변에 슬쩍 전파해도 좋겠다. 세상이 더 좋아질지도.

모든 내향인은 잠재적으로 친밀함의 추종자들이다.

과거와 현재의 인간관계나

사회화의 수준과 상관없이 말이다.

Chapter 4 진짜 내 모습으로 편안하게 살아가기

내향인답게
살기 위한 기초

──────── **Chapter 4** 진짜 내 모습으로 편안하게 살아가기

Quiet People

1964년에 나온 〈사운드 오브 사일런스The Sound of Silence〉라는 노래가 있다. 미국의 포크 록 듀오 사이먼 앤드 가펑클Simon & Garfunkel이 현대사회의 고독과 소통 부재를 상징적으로 표현한 곡으로, 발표된 당시부터 지금까지 수많은 사람에게 사랑받아 왔다. 이 곡은 단순한 고독을 넘어 인간 사이의 연결과 소통의 단절을 비추면서도, 침묵 속에서 스스로와 연결되고 진실한 소리를 듣게 된다는 역설적인 메시지를 전달한다. 특히 침묵 속에서 자신의 목소리를 들을 수 있다는 가사는 내향인에게 더욱 깊은 울림을 준다.

〈사운드 오브 사일런스〉의 "안녕, 나의 오랜 친구 어둠이여Hello darkness, my old friend"라는 가사처럼, 내향인은 어둠과 침묵을 친구처럼 여기며 그 속에서 진짜 자신과 대화하는 법을 안다. 여기서 어둠과 침묵은 두려움이 아닌, 자기를 찾고 스스로를 발견하는 공간이며 기회다. 어릴 적 불을 끄고 혼자 방에 누워 이런저런 떠오르는 생각, 상상과 함께 고요한 시간을 가진 경험이 있다면, 그 순간들은 당신이 내향성의 소유자임을 나타내는 중요한 단서가 될 수 있다. 외부의 자극을 끊고 자신만의 상상과 상념 속에 잠기는 그 순간, 내향인은 자신의 목소리를 새롭게 듣고, 미처 몰랐던 내면의 힘을 발견한다. 침묵 속에서 우리는 세상의 요구에 반응하는 대신, 진짜 자신을 마주할 수 있다. 내향인에게 이러한 침묵의 소리는 단절이 아닌 진정한 연결이다.

침묵의 소리가 내향인에게 특별한 힘을 주듯, 내향인은 자신만의 감정 관리와 충전법을 통해 자신의 성향을 잘 활용하며 살아갈 수 있다. 외향적인 성향을 선호하는 현대사회에서는 활발하고 즉각적인 반응이 더 긍정적으로 평가되는 경향이 있지만, 내향인의 깊이 있는 사고와 감정은 그들만의 귀중한 자산이다. 내향인이 이러한 자산을 건강하게 관리하고 성장의 자원으로 삼기 위해서는 실질적이고 구체적인 방법이 필요하다.

내향인의 감정은 마치 평생 가꾸어야 할 영토와도 같다. 이 영토를 잘 돌보고 가꿀 때 내향인은 감정적으로 충만한 삶을 살아갈 수 있다. 이제부터 내향인이 스스로를 돌보고 감정을 관리하며 내면의 힘을 키우기 위한 구체적인 방법들을 제안한다. 감정을 이해하고 충전하며, 감정적 균형을 유지하는 기술을 익히는 것은 내향인의 강점을 발휘하고 자아를 지키기 위한 필수 과정이다.

내향인의 삶은 단지 고요한 방 안에서의 사색이나 혼자만의 평화로 완성되지 않는다. 물론 내향인은 고요함 속에서 자기 자신을 재충전하고, 내면의 세계에서 의미를 찾아가는 존재다. 하지만 그 내면의 세계가 궁극적으로 지향하는 방향은, 누군가와의 '진정한 만남'이다. 이때 중요한 철학적 단초를 제공해 주는 사상가가 바로 앞에서 소개한 부버다.

내향인의 불편감은 외부 세계와의 관계에서 비롯되는 경우가 많다. 부버는 인간이 관계를 맺는 방식을 '나-너Ich-Du'와 '나-그것Ich-Es'이라고 구분했다. '나-너'의 관계는 진정한 만남과 상호작용을 기반으로 하지만, '나-그것'의 관계는 대상화된 만남이며 표면적인 상호작용에 그친다. 내향인은 대체로 '나-너'의 깊은 관계를 선호하며, 피상적인 관계를 이어 가는 데 어려움을 겪는다.

한 내담자는 "사람들과 얕은 대화를 나눌 때는 내가 더 외로운 느낌이에요. 오히려 깊이 있는 대화를 할 때 에너지가 충전되는 것 같아요"라고 말했다. 이는 내향인이 진정한 관계에서 자신의 자아를 발견하고, 그 과정에서 에너지를 회복할 수 있음을 보여 준다. 그러나 현대 사회에서 대부분의 인간관계는 '나-그것'의 관계에 머무르는 경우가 많기에, 내향인은 고립감을 느끼게 된다.

내향인은 겉으로 보기엔 관계에 덜 적극적인 사람처럼 보이지만, 사실은 더 깊고 진정한 관계를 원한다. 말이 많거나 여러 사람과 어울리고 싶은 욕구는 적지만, 진심으로 연결될 수 있는 한 사람과의 관계를 통해 깊은 감정의 교류를 원한다.

내향인은 말의 수보다 마음의 밀도를 중시한다. 형식보다 진정성을 따지고, 관계의 '수'보다 관계의 '깊이'를 추구한다. 그래서 자주 만나지 않더라도 마음이 통하는 관계가 있다면 그것으로 충분하다. 부버의 철학은 내향인이 자신의 방식대로 관계를 맺는 것이 결코 부족하거나 회피적인 것이 아니며, 오히려 가장 근원적인 관계의 방식임을 보여 준다. 자신의 관계 방식을 이해하고, 깊이 있는 만남을 통해 자신을 표현할 기회를 찾는다면, 내향인은 외부 세계와의 갈등에서 오는 불편감을 줄일 수 있다.

그리고 무엇보다 중요한 점은, 내향인의 삶에서 이런 진정성 있는 친밀함이야말로 가장 강력한 치유와 회복의 공간이 된다는 것이다. 내향인은 외부의 자극에 쉽게 피로해지고, 타인의 평가에 민감해 자아가 쉽게 흔들리기도 한다. 하지만 자신을 있는 그대로 받아들이고, 꾸밈없이 나눌 수 있는 '너'가 한 사람이라도 있다면, 내향인은 그 안에서 다시 살아갈 에너지를 되찾는다. 그런 관계 안에서는 자신을 방어하지 않아도 되고, 말수가 적어도 이해받을 수 있으며, 감정을 억누르지 않아도 된다.

내향인의 삶은 혼자에서 시작되지만 혼자로 끝나지 않는다. 고요한 내면으로부터 시작된 길은, 결국 '너'를 향한 진심 어린 도달로 이어져야 한다.

부버는 "모든 진정한 삶은 만남에서 시작된다"라고 말한다. 내향인에게 이 말은 더욱 깊이 와닿을 것이다. 진정한 자기로 존재할 수 있는 만남, 그것이야말로 내향적인 삶의 종착지이며, 그곳에서 비로소 우리는 고요함을 넘은 깊은 연결의 기쁨을 맛볼 수 있다.

부정적인 고리를 끊는
일곱 가지 패턴

Chapter 4 진짜 내 모습으로 편안하게 살아가기

내향인의 마음속에는 감정들이 마치 고리처럼 얽히고설켜, 끝없이 이어지는 파동을 만들어 낸다. 때로는 불안의 고리가 시작점이 되어 고립과 소외, 자기 회의로 이어지기도 하고, 때로는 완벽주의의 고리가 소진과 감정 억제로 굳어지며 내면을 점점 무겁게 만든다. 이 고리들은 서로 촘촘히 얽혀 있어 쉽게 벗어나기 어려운 감정의 사슬을 형성할 수도 있다.

"왜 자꾸 불안한지 모르겠어. 사람들 앞에만 서면 나 자신이 쪼그라드는 것 같아."

"이러다가 아무것도 못 하게 될까 봐 무서워. 완벽하지 않으면 무가치하다고 느껴질 때가 있어."

이처럼 무심코 내뱉는 말들이 있다면, 그 안에 반복되는 감정 패턴이 숨어 있을지 모른다. 평소 흘려버리듯 하게 되는 푸념도 유심히 들어 보자. 그 속에서도 그동안 잘 드러나지 않았던 감정 패턴에 대한 실마리를 얻을 수 있다.

이제부터 내향인이 빠지기 쉬운 일곱 가지 감정의 고리를 살펴보고자 한다. 불안, 고립, 완벽주의, 소진, 자기 회의, 감정 억제, 외로움 회피라는 이름을 가진 이 고리들은 단순한 감정의 순간을 넘어, 내향인에게 반복적으로 찾아오는 무의식적인 패턴으로 자리 잡는다. 이 고리의 정체를 이해하고 흐름을 끊어 내는 연습을 통해, 내향인은 자신의 감정 세계를 더 가볍고 자유롭게 만들어 갈 수 있을 것이다.

◆ 불안 패턴: 반복되는 불안의 식별과 재해석

내향인은 새로운 사람을 만나는 자리나 공개적으로 말해야 하는 상황에서 자주 불안을 느낄 수 있다. 이 불안은 긴장감과 신체 반응을 동반하는 경우가 많다. 긴장할 때 나타나는 신체 반응(심장 박동 수 증가, 손발의 땀, 근육 긴장 등)은 단기적으로는 신체가 일시적인 스트레스에 반응하는 자연스러운 현상이지만, 내향인은 이러한 반응을 느끼면서 '이 상황을 어떻게 해야 할까?', '혹시 실수하면 어떡하지?' 등 자신을 방어적으로 바라보게 된다. 자신의 불안에 대해 더 많은 생각과 걱정을 할수록 신체 반응은 해소되지 못하고 계속 활성화되는데, 이는 오랫동안 불안에 시달리는 원인이 된다.

불안 패턴을 발견하려면 불안감을 느낀 구체적인 상황을 기록하고, 그때 느꼈던 신체 반응이나 감정, 생각, 행동을 적어 보는 것이 도움이 된다.

> 상황 | "오늘 월요일 회의에서 전체 발표를 했다."
> 신체 반응 | "심장이 두근거리고 손에 땀이 났다."
> 감정과 생각 | "틀리면 어쩌나 하는 두려움과 모두가 나를 평가할 것 같은 불안감이 들었다."
> 행동 | "발표 도중에는 목소리가 떨리고 시선을 어디에 두어야 할지 몰라서 고개를 자주 숙였다."

이렇게 자세하게 기록해 두면 어떤 상황에서 어떻게, 얼마나 자주 불안을 느끼는지 파악할 수 있다. 매번 반복되는 불안은 단순히 현재 상황 때문이 아니라, 과거의 경험에서 비롯된 것일 수 있다. 예를 들면, 학창 시절 발표하던 중 실수를 해서 비난받은 기억이 현재의 불안으로 연결되기 쉽다.

이러한 패턴을 인식한 뒤에는 이를 재해석하는 것이 중요하다. "이번 발표는 내 성장을 위한 기회야"라고 자신에게 말하며, 발표를 평가받는 자리보다는 연습하고 성장하는 자리로 받아들이며 관점을 전환하는 것이 필요하다. 이러한 재해석은 불안한 상황 앞에서 현실을 긍정적으로 바라보도록 도울 것이다. 불안이 에너지를 고갈시키기보다는 새로운 도전을 위한 자극이 될 수 있다는 생각을 가질 때, 불안을 조절할 수 있게 된다.

◆
고립 패턴: 사회적 자리에서의 거리감 수용

내향인은 많은 사람과 어울릴 때도 고립감을 느끼기 쉽다. 회식 자리에서 대화가 활발히 오가는 동안 혼자 소외된 느낌을 받거나 친구들과의 모임 중에 나만 혼자인 듯한 감정을 느끼는 경우가 있다면, 이는 고립 패턴일 수 있다. "오늘 모임에서 대화가 활발했지만, 나 혼자 따로 떨어져 있는 느낌이 들었다", "친구 모임에서 대화에 몰입하지 못했다. 같이 있지만 혼자만 동떨어진 기분이었다"처럼 구체적인 상황을 기록해 보면서 어떤 상황에서 특히 고립감을 느끼는지 파악할 수 있다.

고립감은 과거의 가족 관계, 또래 집단에서의 소외 경험과 밀접하게 연관될 수 있다. 어린 시절 또래 무리에서 자주 혼자였거나 소외된 경험이 있다면, 성인이 된 후에도 비슷한 상황에서 고립감을 느낄 가능성이 크다. 마찬가지로, 가족 내에서 자신의 의견이 무시되거나 충분히 받아들여지지 못했던 경우에도 사회적 모임이나 관계에서 거리감을 느끼기 쉽다. 가족 내에서 겉돌거나 감정적으로 단절된 경험은 타인과의 관계에서 신뢰와 친밀감 형성을 어렵게 한다.

이를 인식하고 나면, 현재 타인과의 관계에서 자신의 속도를 존중하는 연습을 해 보자. 예를 들어, '나는 내 속도로 관계를 이어 나가도 괜찮다'라는 생각을 가지며, 친밀함을 강요하기보다는 자신이 편안하게 느낄 수 있는 소통 방식을 찾는 것이 중요하다. 나만의 방식과 거리를 존중할 때, 타인과의 관계에서 자신을 조금 더 유연하게 바라볼 수 있고 거리감도 편안하게 받아들이게 된다. 이렇게 하면 고립감이 완화되고, 관계 속에서도 자신만의 위치를 자연스럽게 찾을 수 있다.

완벽주의 패턴: 작은 실수를 허용하는 자기 수용

내향인은 맡은 일에 세심하고 철저히 임하는 경향이 있어, 중요한 프로젝트나 업무에서 지나치게 완벽을 추구하며 지칠 수 있다. 예를 들어, 작은 실수도 허용하지 않으려 하고 완벽하게 일을 마무리해야 한다는 압박을 스스로에게 느낀다면, 이 상황이 완벽주의 패턴의 원인일 수 있다. 이를 인식하기 위해 "오늘 보고서 작성에서 수정을 계속 반복하며 많은 시간을 소모했다"라는 식으로 기록을 남겨 보자. 이를 통해 어떤 상황에서 완벽주의가 특히 강하게 나타나는지 알 수 있다.

완벽주의는 과거에 높은 기대를 충족해야 한다거나 타인의 인정을 받기 위해 완벽해야 한다고 느꼈던 경험에서 비롯될 수 있다. 어린 시절 부모님이나 주변 사람들이 자신의 성과에 높은 기준을 설정했다면, 현재에도 완벽을 추구하는 경향이 남아 있을 수 있다. 이를 극복하기 위해 "완벽하지 않아도 괜찮다", "이 정도면 충분하다"라는 자기 수용의 메시지를 반복해 보자. 예를 들어, 보고서를 작성할 때 일정 수준에서 멈추는 연습을 해 보는 것도 좋다. 이렇게 완벽주의에서 벗어나면, 일에 대한 부담이 줄어들고 더 자신감 있게 일을 수행할 수 있다.

◆
소진 패턴: 소모적 관계에서 에너지 보호하기

내향인은 원래 외부 자극이 많거나 사회적 상호작용이 잦을 때 에너지를 쉽게 소진하며, 특히 타인의 관심을 끌려는 사람들과의 접촉이 이를 가속한다. 내향인이 쉽게 에너지를 소모하는 관계

유형이 있다는 점을 염두에 두고, 내게 '소진 패턴'이 있는지 살펴보자. 예를 들어, 하루 종일 이어지는 미팅이나 대화 후에 심한 피로감이나 무기력감을 느낀다면, 단순히 사회생활은 피곤한 것이라고 치부하기보다는 구체적으로 '오늘 내가 어떤 성격의 상호작용을 주로 했는지' 살펴볼 필요가 있다.

유난히 감정 소모가 많았다면 나름의 이유가 있을 것이다. 이를 확인하기 위해 "오늘 종일 대화 후 무기력해졌다"와 같이 피로를 느낀 구체적인 상황을 떠올리며 기록해 보자. 내가 마주했던 사람들의 특성이나 기억에 남는 말투와 행동, 성격과 태도를 적어볼 수 있다. 떠오르는 대로 적어 나가다 보면, 사람들과의 상호작용에서 어떤 측면이 에너지 소진을 유발했는지 조금 더 명확히 파악할 수 있다. 평소에 자신이 대하기 어렵고 소통에 취약하다고 느끼는 사람들의 특성을 정리해 두는 것도 큰 도움이 된다.

내향인은 본래 타인의 감정과 태도에 민감한 데다, 타인의 일방적인 태도나 비공감적인 반응에 더욱 예민하게 반응한다. 특히 자기중심적이거나 다른 사람들의 주목과 관심을 끌려는 태도를 보이는 사람들과의 접촉은 내향인에게 큰 부담이 된다. 예를 들어, 상대가 끊임없이 자신의 이야기만을 하거나 나의 의견을 경청하지 않을 때, 대화는 일방적이고 비공감적인 방향으로 흐르는데 내향인들은 이런 상황에서도 일단 따라가거나 맞춰 주기 쉽다. 이러한 상호작용은 내향인이 느끼는 에너지를 빠르게 고갈시키고, 공감과 배려가 부족한 상황에서 정서적 부담과 소모를 유발하는 주요 원인이 된다.

이러한 소진 패턴을 줄이기 위해서는 실질적인 거리 두기가 필요하다. 자기중심적이거나 과도한 주목을 요구하는 사람들과의 만남을 조절하고, 필요할 때는 의도적으로 만남을 줄여 소진을 예방하는 것도 좋은 방법이다. 자신에게 "오늘은 나에게 재충전이 필요한 시간"이라고 말하며 하루를 고요하게 보내는 혼자만의 시간을 계획해 보자. 이렇게 정기적으로 자기만의 재충전 시간을 가지면, 에너지 충전 부족 상태를 막을 수 있고 감정적으로 안정감을 유지할 수 있다.

◆
자기 회의 패턴:
자기 과몰입 대신 균형 있는 자기 객관화 연습하기

내향인은 자신의 말과 행동을 돌이켜 보며 "내가 제대로 했을까?"라는 자기 회의에 빠지기 쉽다. 성찰은 자기 발전에 긍정적인 영향을 미치지만, 지나친 반추는 오히려 자신감을 낮추고 자기 신뢰를 약화시킨다. 자기 회의가 반복되면 소소한 실수조차 부정적으로 확대하여, 자신을 과도한 수준으로 비판하게 만드는 원인이 된다.

자기 회의가 자주 드는 상황에서는 매일 자신이 성취한 것들을 간단히 기록해 보는 것이 중요하다. '성공 일기'라고 불릴 수 있는 이 기록은, 소소한 성공이나 긍정적인 순간을 적어 가며 자신의 노력을 객관적으로 바라볼 수 있는 자료가 된다. 오답 노트를 작성하듯 부족한 점을 되돌아보는 것도 중요하지만, 자기 회의 패턴이 있다면 균형 잡힌 성찰을 위해 '성공 일기'도 꼭 필요하다. 예를 들어 "오늘 회의에서 좋은 아이디어를 제안했다"와 같이 작은 성취를 인정하다 보면, 자기 회의에 빠졌을 때도 자신감을 회복할 수 있는 근거로 삼을 수 있다.

또한, 자기 회의에 빠졌을 때는 제3자의 시각에서 상황을 바라보는 연습을 해 보는 것이 좋다. 과도하게 내면의 목소리에 몰입하기보다, 마치 친구의 입장에서 상황을 객관적으로 평가하는 연습을 해 보자. "내가 친구였다면 이 상황에서 어떤 조언을 했을까?"와 같은 질문을 스스로 던져 보면, 균형 잡힌 시각을 얻는 데 도움이 된다. 이로써 자신에 대한 불필요한 비판을 줄이고 더욱 객관적인 평가를 할 수 있게 된다.

더 나아가 긍정적인 자기 메시지를 자주 사용하는 연습도 필요하다. "나는 필요한 만큼 최선을 다했다" 또는 "완벽하지 않아도 괜찮다"와 같은 긍정적 메시지를 통해, 완벽하지 않더라도 성장하고 있음을 스스로 인정하는 태도를 갖추는 것이 중요하다. 이러한 메시지를 자주 되새기면 자신에 대한 신뢰가 높아지고, 과도한 자기 비판이 줄어든다.

자기 과몰입을 줄이기 위한 또 다른 방법으로는 감정적 거리 두기가 있다. 자기 회의가 들 때 즉각적인 반응을 하지 않고 잠시 시간을 두었다가 감정을 가라앉힌 후 상황을 다시 바라보는 연습을 한다. 예를 들어 실수하거나 예상치 못한 결과가 나왔을 때 즉시 반응하기보다는, 하루 정도 지나고 나서 그 상황을 다시 돌아보는 시간을 가지면 좋다. 이를 통해 과몰입을 예방하고 감정을 객관적으로 바라보는 능력이 향상된다.

이와 같은 연습을 통해 내향인은 자기 과몰입에서 벗어나, 균형 잡힌 자기 객관화를 실천할 수 있다. 성찰을 통해 성장하되, 자신을 필요 이상으로 비판하지 않고 긍정적인 자기 인식을 유지함으로써 내면의 신뢰와 안정감을 높일 수 있다.

◆
감정 억제 패턴: 자기 주장과 나만의 표현 연습하기

내향인은 감정을 외부에 드러내기보다 내면에 머무르게 하는 경향이 강하다. 이는 타인에게 부담을 주지 않으려는 배려심에서 비롯되지만, 억제된 감정은 장기적으로 심리적 부담과 스트레스를 유발할 수 있다. 억눌린 감정이 쌓이다 보면, 불안이나 분노와 같은 부정적 감정으로 나타날 가능성도 높아진다.

감정을 억누르는 경향이 있다면, 매일의 감정을 솔직하게 기록하고 표현하는 습관을 가져 보는 것이 좋다. 이는 억눌린 감정을 해소하고 자신의 감정을 더 명확히 인식하는 방법이 된다. 감정을 표현하기 어려운 경우에는 신뢰할 수 있는 사람과 소소한 일상 감정부터 시작해 점차 깊은 감정까지 나누는 연습을 해 보는 것이 중요하다. 이러한 대화는 내면의 감정적 부담을 덜어 내는 데 도움이 된다. 또한 자신의 감정을 언어화하는 연습도 중요한데, 감정을 구체적인 표현으로 연결하는 연습을 통해 감정을 보다 자연스럽게 표현할 수 있게 된다. 예를 들어, "오늘은 마음이 복잡했어"와 같이 느낀 바를 표현해 보는 것이 좋다.

감정을 자연스럽게 해소하고 표현하는 데 언어화 이외의 방식도 있다. 이를 위해, 다양한 예술 활동과 신체 활동에 관심을 두고 자신에게 맞는 방식을 탐색할 필요가 있다.

예술 활동은 감정을 시각적, 청각적으로 표현하는 강력한 도구다. 그림 그리기는 감정을 구체적인 색과 형태로 시각화할 수 있어, 억눌린 감정을 해소하는 데 도움이 된다. 마음에 쌓인 감정을 색으로 표현하거나, 강렬한 필치로 그려 내는 과정에서 자신의 감정을 안전하게 표현할 수 있다. 또한 음악 연주나 글쓰기는 감정을 내면의 소리로 풀어내는 방식이기 때문에 특히 슬픔이나 외로움 같은 감정의 흐름을 자연스럽게 담아 낼 수 있다. 글쓰기는 감정을 구체적인 언어로 표현해 주는 동시에, 자신이 삶의 주체임을 느끼게 하여 내면의 소속감을 형성하는 데 도움을 준다. 이런 예술적 활동을 통해 내면에 쌓인 감정을 자유롭게 풀어내고, 자신을 더 깊이 이해할 수 있다.

신체 활동을 통해 감정을 표현하는 것도 좋은 방법이다. 요가는 마음을 차분하게 만들고 억눌린 감정을 해소하는 데 큰 효과가 있으며, 신체적 긴장을 풀어 주어 감정적 안정감을 찾는 데 도움을 준다. 댄스는 특히 감정을 자유롭게 표현할 수 있는 활동으로, 음악에 맞추어 몸을 움직이며 자신의 기분을 있는 그대로 표현할 수 있다. 댄스를 통해 내면의 감정을 신체적인 에너지로 전환할 수 있어 긍정적인 영향을 준다. 등산이나 산책은 자연 속에서 감정을 해소할 수 있는 신체 활동으로, 자연의 치유적 힘을 통해 자신의 감정을 편안하게 바라보는 시간을 제공한다.

이와 같은 예술 활동과 신체 활동은 감정을 자연스럽게 표출하는 경험을 제공하며, 내향인이 내면의 감정을 건강하게 표현하는 데 효과적이다. 자기 주장 연습과 다양한 표현 양식을 계발하면서 내향인은 억눌린 감정으로 인한 심리적 부담을 덜고, 내면의 편안함과 충만함을 경험할 수 있게 된다.

◆
외로움 회피 패턴: 나 홀로 소속감 연습하기

내향인 가운데 외톨이가 되는 것을 피하고자 때로는 과도하게 사회적 활동을 계획하고 이에 맞추려 하는 경향이 있다. 동떨어지는 것이 두려워서, 소속감이 필요해서, 외로운 느낌이 견디기 힘들어서, 어느 무리에든 끼고 싶은 충동에 시달리는 경우도 있다. 특히 은퇴나 이별과 같은 인생의 큰 변화를 겪을 때, 외로움을 피하기 위해 무리하게 사회적 자리에 참석하게 된다. 그러나 이러한 활동은 내면의 진정한 필요를 채우지 못하고 오히려 피로를 가중한다. 정신적 에너지를 채우기는커녕, 분주하게 사회적 관계 맺기에 몰두하는 동안 탈진해 버리기 쉽다.

우리는 외로움을 느낄 때 어디엔가 소속되고 싶어 하지만, 소속감은 반드시 남이 만든 무리에서만 얻는 것이 아니다. 심지어 타인이 없어도 '나 홀로 소속감'이라는 것이 가능하다. 글쓰기는 이런 소속감을 스스로 형성할 수 있는 효과적인 방법이다. 번잡한 사회적 관계 속에서 소속감을 찾으려는 대신, 글쓰기를 통해 내면의 소속감을 얻는 것은 내향인에게 특히 의미가 깊다. 글쓰기를 통해 우리는 자기 삶의 '주체'가 될 수 있으며, 타인의 인정이나 반응에 의존하지 않고도 자신의 존재를 확고히 할 수 있다. 특히 1인칭 시점으로 글을 쓰면서 내 이야기의 주인공이 되고, 자연스럽게 스스로 삶의 중심에 서게 된다. 외부의 시선이 아닌 나만의 관점으로 삶을 구성하며, 글을 쓰는 과정에서 자신과 깊은 소통을 나누게 된다.

글을 통해 경험과 감정을 정리하고 스스로 되새기는 시간이 쌓이면, 타인의 시선 없이도 강한 소속감을 형성할 수 있다. 이 과정은 단순히 글을 쓰는 행위에 그치지 않고, 나 자신을 이해하고 내면의 필요를 확인하는 시간을 만들어 준다. 글쓰기라는 개인적 행위를 통해 자신만의 세계 속에서 소속감을 찾게 되며, 외부의 무리에 속하지 않아도 내면의 충만함을 경험할 수 있다.

혼자서 느끼는 소속감은 스스로의 이야기를 쓰고, 그 안에서 자신을 발견해 가는 과정이다. 글쓰기를 반복하면서 우리는 타인의 인정 없이도 자신의 삶을 채우는 내적 힘을 키워 나가게 된다. 글쓰기는 내면의 자원을 확인하고 스스로를 충전하는 좋은 도구가 된다. 글쓰기와 함께, 자신만의 일상을 꾸준히 유지하는 것도 도움이 된다. 차를 마시는 시간이나 산책 등 자신만의 의식을 통해 외로움을 달래고 내면을 채우는 시간을 갖는 것은 내적 안정감을 주며, 불필요한 사회적 관계에 얽매이지 않도록 돕는다. 만약 외로움 때문에 무리하게 사회적 활동을 늘리고 있다면, 그보다는 자신의 가치관을 공유할 수 있는 관계에 집중하여 내실 있는 소통을 추구하는 것이 중요하다.

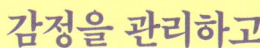

감정을 관리하고
가꾸는 방법

Chapter 4 진짜 내 모습으로 편안하게 살아가기

Quiet People

감정도 연습하고 단련하면 바뀔 수 있을까? 물론이다. 많은 내향인들이 이렇게 묻곤 한다. "신경을 완전히 끄는 건 어렵고, 감정 소모를 조금이라도 줄이는 방법은 없을까요?" 주변의 말 한마디, 날카로운 피드백 하나에 쉽게 마음이 흔들려 에너지가 소모되는 자신을 지키고 싶어 하는 것이다.

사실, 약간의 노력과 시도를 통해 우리는 충분히 감정의 흐름에 대한 주도권을 되찾고 감정을 조절하는 법을 익힐 수 있다. 특히나 자신에게 관대하지 못하고 남에게 감정 에너지를 빼앗기기 쉬운 내향인이라면 이 기술은 더욱 중요하다.

이 과정에서 중요한 포인트 중 하나는 진지함에서 잠시 벗어나 가벼운 태도를 취하는 것이다. 한 발짝 물러난 시선으로 감정을 가볍게 흘려보내는 몇 가지 방식은 감정 소모를 줄이고, 내면의 균형을 유지하는 데 큰 도움이 된다. 감정의 파도 속에서 중심을 잡는 데 유용한 문고리가 되어 줄 것이다. 또한, 감정 에너지를 충전하고 자신에게 너그러워지는 시간은 내향인의 삶에 생동감을 불어넣는 중요한 요소다.

감정을 자신에게 유리하게 조절하고, 외부의 변화에 민첩하게 대응할 수 있게 해줄 작지만 유용한 팁들은 무엇이 있을까. 아래 제시한 방법들을 작은 열쇠처럼 활용한다면, 일상에서 내면의 평온을 유지하고 감정의 흐름을 주도할 수 있을 것이다.

◇ 감정 에너지 절약하기 | 심리적 거리 두기 연습

내향인은 물리적으로는 거리 두기를 '성향상' 잘하는 편이지만, 심리적 거리 두기에는 실패하는 경우가 많다. 외부 자극이나 타인의 말과 행동에 깊이 반응하다 보면 감정적으로 소진되기 쉽기 때문이다. 이러한 소진을 막기 위해 내향인이 사용할 수 있는 몇 가지 심리적 거리 두기 기술이 있다. 그중 "나라고 별 수 있나" "모르지, 뭐" "그런들 어떠하리" 등 위트 있는 태도로 대응하는 게 유용하다. 일상에서 불필요한 감정적 소모를 줄이고 내면의 평온을 유지하고 싶은 내향인에게 효과가 있다.

"나라고 별 수 있나"라는 태도는 타인이나 상황에 대해 과도한 책임감을 덜어 내는 데 효과적이다. 내향인은 주위의 반응에 지나치게 책임을 느끼거나 스스로를 비난하기 쉬운데, 이 태도는 책임 과부하를 피하고 심리적 거리를 유지하는 데 도움이 된다. 타인의 부정적인 반응이나 평가에 대해 '내가 이 상황을 바꿀 수 있는 것은 아니야' 또는 '내가 할 수 있는 것은 여기까지'라는 생각으로 자신의 한계를 받아들이면, 모든 문제를 혼자 짊어지려는 부담에서 벗어나고 자기 연민에서 자유로워질 수 있다.

"모르지, 뭐"라는 태도는 타인의 의도나 반응에 지나치게 반응하지 않게 하는 완충 역할을 한다. 내향인은 타인의 행동을 분석하려는 경향이 있지만, 이 태도는 불필요한 해석을 줄여 준다. 누군가가 나에게 부정적인 말을 하거나 비꼬는 듯한 태도를 보일 때 나에 대한 공격으로 해석하기 쉽다. 그런데 '모르지, 뭐. 저 사람이 무슨 의도로 그랬는지 나는 알 수 없어'라고 생각하면 상대의 의도를 깊이 파악하려 하지 않아도 된다. 이를 통해 내면의 여유를 유지하고 심리적 거리를 둘 수 있다.

"그런들 어떠하리"라는 태도는 타인의 반응이나 평가를 나와 연결하지 않고, 단순히 그 사람의 표현으로 두는 것이다. 내향인이 타인의 반응에 지나치게 반응하지 않도록 돕고, 에너지를 절약할 수 있게 해 준다. 상대방이 나와의 일화를 꺼내거나 자신을 강조하기 위해 나를 비유할 때 '저러든 말든 뭐, 어때'라고 생각하면 된다. 이는 단지 그 사람이 자신을 드러내기 위한 수단일 뿐 나에게 적의를 가진 행동이 아님을 인식하게 하며, 타인의 말과 행동을 내 문제로 받아들이지 않고 심리적 거리를 유지할 수 있다.

단순한 관찰자의 자세로 존재하는 것도 심리적 거리를 유지하는 데 도움이 된다. 외부 자극을 깊이 받아들이고 내면화하기보다 그 상황을 감정적으로 받아들이지 않고 관찰자처럼 바라보면 된다. 예를 들어, 불편한 감정을 유발하는 상황에 놓였을 때 '아, 지금 내가 불편함을 느끼고 있구나'라고 감정을 관찰하듯 바라보는 것이다. 이를 통해 감정에 휘둘리지 않고, 감정을 내면에 쌓아 두지 않으며 상황을 지나가게 할 수 있다.

이와 같은 심리적 거리 두기 기술을 통해 내향인은 외부 자극에 대해 지나치게 반응하지 않고, 자신의 내면 에너지를 보존할 수 있다. 불필요한 분석을 멈추고 타인의 의도를 가볍게 넘기며 감정을 흘려보내는 연습은 내향인이 감정적으로 여유롭고 안정된 상태를 유지하는 데 유용하다.

◇ **자기 충전감 유지하기 | 에너지 회복 시간 갖는 연습**

내향인은 외부 자극이 많은 환경에서 쉽게 에너지가 소진되기 때문에 '자기 충전감'이 매우 중요하다. 하루 중 고요한 시간을 정해두고 산책, 독서, 명상과 같은 활동을 통해 에너지를 회복할 수 있는 혼자만의 시간을 가져 보자. 예를 들어, 하루의 일과를 마친 후 잠들기 전이나 자신이 선호하는 때를 정해 놓고 15분 동안 차를 마시거나 조용히 음악을 들으며 혼자만의 시간을 보내는 것도 좋은 방법이다. 이렇게 자신을 충전하는 시간은 바닥난 배터리를 충전하듯 내면의 에너지를 다시 채워 주는 역할을 한다.

◇ 자기 비판에서 벗어나기 | 수용과 관찰 연습

내향인은 깊이 생각하는 성향 덕분에 실수나 문제를 곱씹으며 자기 비판의 함정에 빠지기 쉽다. 이를 극복하기 위해서는 '수용'과 '관찰'의 자세로 자신의 생각을 멀리서 바라보는 연습이 필요하다. 예를 들어, 실수했을 때 "왜 나는 이럴까?"라는 비판 대신 "이 실수를 통해 배울 점이 뭐지?"라고 질문해 보자.

비판은 내 감정을 상하게 하고 성장을 방해하는 장애물일 뿐이다. 반면 자신의 감정을 수용하고 한 걸음 떨어져 관찰하는 연습은 자신을 객관적으로 바라보게 하고 실수를 성장의 기회로 인식하도록 돕는다. 이와 같은 심리적 거리 두기와 자기 수용 연습을 통해 내향인은 외부 자극에 지나치게 반응하지 않으며, 감정 에너지를 보존하고 균형 잡힌 삶을 유지할 수 있다.

◇ 감정 가꾸기 | 호기심과 경이로움을 키우는 연습

내향인의 감정은 일상의 작은 순간 속에서도 깊은 의미와 통찰을 찾을 수 있는 강력한 자원이다. 이러한 감정을 풍성하게 가꾸고 발전시키는 과정에서 중요한 두 가지 감정이 호기심과 경이로움이다. 내향인은 보통 자신과 환경에 민감하게 반응하고, 깊이 있는 사고와 상상을 통해 내면의 세계를 구축해 나간다. 이때 호기심과 경이로움을 통해 감정적 성장을 이루면, 더욱 창의적이고 자신감 있는 내면의 힘을 발견하게 된다.

내향인의 깊은 사고력은 '호기심'이라는 감정이 뒷받침될 때 더욱 빛을 발한다. 인간은 선천적으로 무엇이든 알고 싶어 하며, 이 욕구는 행동의 원인이 되는 감정을 만든다. 내향인은 자신과 자신을 둘러싼 환경에 민감하게 반응하고, 자신만의 세계에서 상상하기를 좋아하기 때문에 호기심을 키운다면 강점 중 하나로 내세울 만한 무기가 될 수도 있다. 새로운 아이디어와 관점에 대한 열린 마음은 사고를 확장하고 내면의 지혜를 깊게 만들어 줄 것이다.

한편 '경이로움'은 예리한 관찰력을 키우는 데 중요한 감정이다. 내향인은 세상과 사람들에 대한 경이감을 좀 더 빠르게 느끼고, 이를 통해 더 깊이 있는 통찰을 얻는다. 매일 출퇴근하면서 평범하게 지나쳤던 곳에서 어느 봄날 작은 나무에 싹이 튼 것을 발견할 수도 있고, 계절에 따라 변화하는 모습을 관찰하는 재미를 느낄 수도 있다.

◇ **번아웃 방지하기 | 자기 회복, 존중, 신뢰 연습**

내향인은 타인에 대한 공감력이 강하지만, 그만큼 쉽게 번아웃에 빠질 위험도 있다. 이를 방지하기 위해서는 '자기 회복'의 감정을 계발해야 한다. 타인을 깊이 공감하면서도, 자신을 돌보고 재충전할 시간을 갖는 것이 중요하다. 회복 욕구를 유지하면 내향인의 자기 관리에 큰 도움을 줄 것이다.

또한 내면의 가치를 중시하고 이를 지속적으로 키워 나가기 위해 '자기 존중'과 '자기 신뢰'를 갖추어야 한다. 외부의 평가에 흔들리지 않고, 자신의 내면을 귀하게 여기는 마음가짐이 중요하다. 자존감이 낮아질 때는 자신의 가치를 먼저 살펴보고, 내면의 소리를 존중하며, 더 나은 기회를 잡기 위해 준비하는 자세가 필요하다.

◇ **진정성 있는 소통하기 | 감정 전달 연습**

"진심은 있는데, 그것이 잘 안 전해져요." "소통하고 싶지만, 어색하고 말이 잘 안 나와요." "웃어야 되는 상황인 줄은 알지만 그런 것이 제일 스트레스예요."

많은 내향인들이 공감할 만한 이야기다. 타인과 연결되고 싶다는 마음은 분명하지만, 정작 그 마음을 자연스럽게 표현하는 데 어려움을 느낀다. 누구보다 진심이 크지만, 말하려고 하면 복잡해지고, 상대의 반응에 예민해진다. 그래서 내향인은 소통에 부담을 느끼고, 소통을 어려워하는 내향인은 깊은 관계를 맺는 데도 시간이 오래 걸리거나 어려움을 겪을 수밖에 없다.

하지만 진심 그 자체가 소통의 힘이 된다. 내향인이 반드시 믿어야 할 사실은 이것이다. 내가 진심으로 느끼는 감정과 생각을 표현한다면, 다른 사람들도 신뢰하고 귀 기울여 줄 것이다. 진정성 있는 소통은 억지스러운 대화와 꾸며낸 감정보다 훨씬 큰 효과를 발휘한다. 문제는 진심이 저절로 전달되지 않는다는 점이다. 우리 내향인들은 이 사실을 자주 놓치는 것 같다. 그러나 '전달력'은 기술을 연습해서 보완할 수 있는 영역이다.

이것에 대한 힌트는 무대 위에서 관객의 마음을 움직이는 연기자들에게서 찾을 수 있다. 화려한 퍼포먼스보다 연기자 한 명의 호소력 짙은 내면 연기가 깊은 울림을 준다. 그리고 생각보다 많은 내향인들이 고객을 직접 응대하는 서비스 직종에서 충분히 능력을 발휘하고 있다는 사실도 눈여겨볼 필요가 있다.

벌써 '연기'라는 말 자체에 거부감이 들었을 수도 있다. 내향인은 특히나 자기 감정에 진실되려는 경향이 있어, 억지로 웃거나 과장된 표현을 할 때 큰 스트레스를 받는다. 예를 들어, 반갑지 않은데 반가운 척, 속상한데 괜찮은 척하는 것처럼 감정은 속에 둔 채 겉으로 표정만 꾸미는 방식이다. 이런 종류의 연기를 '표면 연기 Surface Acting'라고 부른다. 외향인은 이러한 표면 연기를 비교적 수월하게 해내며 일상이나 직장에서 스트레스도 덜 받지만, 내향인에게는 이러한 방식이 금방 에너지를 고갈시킨다. 표면 연기를 계속하면 당연히 피로가 누적되고, 결국 감정 소진(번아웃)으로 이어지기 쉽다.

그렇다면 내향인에게 맞는 방식은 무엇일까? 바로 깊은 감정 연기, '딥 액팅Deep Acting'이다. 딥 액팅은 감정을 억누르거나 숨기는 것이 아니라, 자신이 느끼는 감정을 내면에서 다시 바라보고 재해석한 뒤, 진심이 담긴 표현으로 바꾸는 전략이다. 예를 들어, 무례한 고객을 만났을 때 "왜 저럴까" 하고 억지로 참기보다는 "이 사람도 무언가 힘든 일이 있었겠지" 하고 다르게 바라보는 연습을 하는 것이다. 관점의 전환을 통해 본연의 역할이나 목적에 다시 집중하면서, 조금 더 긍정적인 시선으로 감정을 조율하는 연습이다. 즉, 자신과 타인의 감정을 내면화하고, 고객을 도우려는 자신의 진심을 진정성 있게 표현해 내는 방식이다.

내향인은 본래 감정의 진정성을 유지하면서 타인과 소통하는 것을 선호하는 데다, 감정 안에서 다시 생각하고 의미를 붙이는 데 강점을 가진다. 그렇기 때문에 딥 액팅 훈련은 내향인이 감정 노동을 겸해야 할 때 에너지가 소진되지 않고 지속적인 관계를 형성하는 데 매우 적합하다. 물론 딥 액팅 훈련 자체가 쉽지는 않다. 하지만 내향인에게 이 기술을 강조하는 이유는 지극히 현실적이다. 외향인이 잘 사용하는 방식(즉흥적이고 활달한 표면 연기)을 억지로 따라 하다 보면 오히려 더 큰 심리적 손실을 입을 수 있기 때문이다. 내향인에게 표면 연기는 실제로 업무 성과에도 전혀 도움이 되지 않을 뿐 아니라 되레 위태롭게 만든다. 업무 자신감 저하, 직장 스트레스, 관계 갈등, 심리적 탈진 등 잃는 것이 더 많은 방식이다. 내향인이 만나는 사람들에게 억지로 웃음 짓는 것이 제일 힘들다고 해서 하나도 이상해할 것이 없다.

한 연구*에 따르면, 외향인은 표면 연기를 할 때도 비교적 피로를 덜 느끼며, 다양한 고객 응대 상황을 능숙하게 넘기는 경향이 있었다. 반면, 내향인은 표면 연기를 시도하면 빠르게 자원이 고갈되었고, 특히 일이 끝났다고 느낀 이후 자발적인 상호작용에서 더 크게 무너지는 경향이 나타났다. 그러나 딥 액팅을 훈련받은 직원들은 외향성과 상관없이 업무 능력이 향상되고 팁을 받는 등 고객에게 긍정적인 반응을 얻는 데 성공했다. 직원들이 자신의 감정을 억지로 표현하지 않고 실제로 내면화하여 진정성 있게 소통했기 때문이다. 특히 내향인에게는 딥 액팅이 스트레스를 줄이고, 감정적인 소진 없이 소통할 수 있도록 돕는 핵심 전략으로 작용했다. 내향인의 감정 에너지를 보호하면서도 관계를 진심으로 유지하는 기술, 그것이 바로 딥 액팅의 힘이다.

딥 액팅은 결코 '가짜 감정'을 꾸미는 연기가 아니다. 오히려 진심을 도달 가능한 방식으로 번역하는 과정이다. 내향인은 본래 감정을 곱씹고 의미를 해석하는 데 잠재적 능력이 있다. 이 자산을 활용하면, 내향인의 소통은 억지스럽지 않으면서도 훨씬 더 깊이 있

◆ Grandey, et al., "Want a Tip? Service Performance as a Function of Emotion Regulation and Extraversion", *Journal of Applied Psychology*, 2011. 내향성과 외향성을 기준으로, 표면 연기와 딥 액팅이 서비스 직무에 어떤 영향을 미치는지 보여 주는 연구 보고서.

게 상대의 마음을 울릴 수 있다.

내향적인 성향 때문에 소통이 어렵게 느껴졌다면, 이제 감정의 깊이를 무기로 삼을 차례다. 딥 액팅은 '진심은 있는데 잘 안 전해지는 사람'에게 꼭 필요한 표현 훈련이자, 번아웃 없이 인간관계를 이어가는 기술이다. 진정성은 이미 당신 안에 있다. 이제, 그것이 닿을 수 있도록 훈련하면 된다. 내향인은, 내면의 진심을 표현할 수 있을 때 진짜로 강해진다.

내면의 균형과
조화 이루기

Chapter 4 진짜 내 모습으로 편안하게 살아가기

Quiet People

　서로 성향이 다른데, 사람을 사귀는 방식이나 사교 스타일이 같을 수 있을까? 모든 인간은 사회적 동물로서 관계를 맺고 소통하며 살아간다. 여기에 내향과 외향의 구분은 없다. 다만, 서로 다른 성향은 자연스럽게 다양한 사교 방식을 만들어 낸다. 외향인은 활발한 대화와 에너지 넘치는 만남에서 편안함을 느끼지만, 내향인은 조용하고 차분한 방식에서 안정감을 찾는다. 내향인의 사전에서 '사교성'은 다르게 정의 내리는 것이 맞다.

　오늘날 흔히 들을 수 있는 "자기는 참 붙임성이 좋아", "처음 보는데도 대화하기가 편안했어"라는 말은 사교적인 사람이 받는 칭찬이다. 상대의 생각을 읽은 듯 적절히 반응하고, 어색한 시간을 자연스럽게 바꾸는 능력은 사교적인 사람에게 중요한 장점이다. 그러나 내향인에게는 낯선 사람과의 만남이 도전처럼 느껴진다. 새로운 사람 앞에서 위축되거나 어색함을 느끼며, 무슨 말을 해야 할지 몰라 당황하는 순간들이 내향인에게는 익숙할지도 모른다.

특히 내향인이 외향인을 만났을 때, 그들의 활발한 에너지와 대화 속도에 맞추려다 보면 금세 '기가 빨리는' 듯한 피로를 느낄 수 있다. 외향인의 속도에 무리하게 맞추기보다는, 내향인만의 방식으로 관계를 형성하는 것이 오히려 더 건강하고 지속 가능한 접근법이다.

외향형과 내향형이 '사람들 틈에서 에너지를 얻는 방식'도 분명한 차이를 보인다. 외향형은 다수의 사람들 사이에 있는 것 자체에서 자극과 활력을 받는다. 활발한 대화, 빠른 피드백, 순간적인 반응과 웃음처럼 즉각적이고 가시적인 사회적 상호작용이 외향형에게는 곧 에너지의 원천이 된다. 이런 자극을 받으면 외향인은 더욱 생생하게 반응하고, 말이 많아지고, 몸이 먼저 움직이는 경우도 많다. 중요한 것은 '상호작용의 밀도보다는 빈도'이며, 다양한 관계 속에 자신을 자연스럽게 놓을 수 있는 환경이 외향형에게는 편안하다.

반면 내향형은 겉보기에는 외향형처럼 사람들 사이에 있을 수 있지만, 그 안에서 에너지를 얻는 방식은 다르다. 이들은 조용한 대화, 진심 어린 공감, 눈빛이나 말투에서 느껴지는 정서적 교류 같은

'깊이 있는 접촉'을 통해 회복감을 느낀다. 따라서 내향형이 사람들 사이에 있을 수는 있어도, 그 안에서 무작정 활발하게 참여하거나 많은 자극을 받을수록 오히려 에너지가 소모될 수 있다. 내향형에게 중요한 것은 '관계의 질'이며, 소수의 신뢰 가능한 사람과의 교류, 의미 있는 주제에 대한 대화가 핵심이다.

같은 '사람들 틈'에 있어도, 누구는 그곳에서 에너지를 얻고 누구는 조용히 지쳐 간다. 따라서 관계 양상이 같다고 해서 에너지 작용도 같다고 생각해서는 안 된다. 우리는 각자의 에너지 흐름을 이해하고, 자신의 성향에 맞는 회복과 충전 방식을 찾아가야 한다.

◆
서로의 내향성 알아보기

이제 내향인이 외향적인 환경에서도 본연의 성향을 지키면서 자연스럽게 사교적인 관계를 형성하는 방법을 살펴보자. 그리고 내향성을 존중하며 관계를 맺는 그 내밀한 기술들을 하나씩 알아보자.

내향인이 외향인을 만날 때, 종종 그들의 외향성에 맞추려고 하다가 마음의 부담을 느낄 수 있다. 외향인들이 활발하게 대화하고, 에너지를 발산하며 어울리는 모습에 동조하려다 보면 내향인은 금세 '기가 빨리는' 느낌을 받을 수 있다. 이는 내향인의 본성과 맞지 않는 방식으로 에너지를 소모하기 때문이다. 따라서 내향인은 외향인과 어울릴 때, 그들의 에너지를 억지로 맞추려 하기보다는 외향인의 내향성에 접근하는 기회를 찾는 것이 중요하다.

외향인들 사이에서 억지로 그들의 외향성에 동조할 필요는 없다. 그들의 대화에 지나치게 자신을 맞추려 하거나, 억지 미소를 짓고 대화의 억양과 톤을 바꾸려는 데 너무 많은 에너지를 쏟지 말아야 한다. 물론 처음에는 적절한 사교성을 발휘하여 접근성을 높이는 것이 필요할 수 있지만, 장기적으로 내향인에게 맞는 사교 방식은 '내향성과 내향성의 만남'에 있다.

> 소영 씨는 회사 동료들과의 모임에서 외향적인 동료들과 대화할 때 자신이 점점 기가 빨리는 느낌을 받곤 했다. 그녀는 대화에서 주목받기 위해 억지로 더 큰 목소리로 말하거나 외향적인 톤을 유지하려고 노력했지만, 매번 모임이 끝날 때마다 심한 피로감을 느꼈다.
> '왜 이렇게까지 스트레스를 받아야 하지.' 회의감이 온 소영 씨는 점차 동료들과의 대화에 끼는 것이 힘들어졌고 대화에 끼더라도 말을 아끼게 되었다.
> 그러던 중 같은 팀의 외향적인 동료 한 명이 사실 자신은 혼자만의 시간을 소중히 여기는 내향적인 성향이라고 말했다. 아군을

만난 소영 씨는 여러 사람과의 대화에 끼는 대신 마음이 맞는 그 동료와 조용한 대화를 나누면서 스트레스에서 해방되었다. 진정성 있는 대화가 이루어지니 더 깊은 유대감을 느낄 수 있었고, 허심탄회하게 대화를 나눌 수 있는 친한 친구가 되었다.

내향적인 사람이 외향적인 환경에서 진정성을 유지한다는 것은 '말을 많이 하지 않아도 진심을 전달할 수 있다'는 믿음과 자신감에서 출발한다. 이 사례는 내향적인 사람은 외향적인 방식에 맞추지 않고도 긍정적 관계를 형성하고 생산적으로 협력할 수 있음을 보여준다. 다음 지원 씨의 사례도 한번 살펴보자.

지원 씨는 회사에서 외향적인 동료들과 함께 프로젝트를 진행하게 되었다. 동료들은 활발하게 의견을 주고받으며 끊임없이 대화를 이어갔다. 처음에는 적극적으로 의견을 내놓는 그들에게 맞추기 위해 말을 더 자주 하고 목소리도 높이려 노력했다. 하지만 무리하게 프로젝트를 진행하던 지원 씨는 시간이 갈수록 정신적으로 지쳤고, 점차 그들에게 부담을 느끼고 있음을 깨달았다.

지원 씨는 꼭 필요한 순간에만 의견을 짧고 명확하게 전달하고,

> 필요할 때는 고개를 끄덕이거나 미소로 반응하며 자연스럽게 프로젝트에 참여하기로 결심했다. 외향적인 동료들과 업무 속도는 다르지만, 자신만의 방식을 통해 팀에 기여할 수 있다고 생각한 것이다. 그렇게 실행에 옮기자 지원 씨는 더 이상 소진되지 않았고, 동료들은 그의 집중력과 성실함을 높이 평가했다.

위 사례에서 본 것처럼 내향인의 사교법은 외향성에 맞추는 것이 아니라 서로의 내향성을 알아보는 데 있다. 외향적인 사람들과의 대화에서도 그들의 내향적인 면에 집중하고, 서로의 깊이 있는 생각과 감정을 나누는 것이 내향인에게 더 의미 있는 소통이 될 수 있다. 억지로 외향성에 맞추기보다는, 내향적인 대화 속에서 진정성을 유지하는 것이 내향인의 사교법이다.

지원 씨는 외향적인 동료들과 대화를 나눌 때, 항상 그들의 에너지를 따라가기 위해 노력했다. 하지만 이제는 내향적인 대화를 통해 그들과 소통하는 방법을 찾았다. 외향적인 사람들과의 대화에서도 억지로 맞추지 않고, 조용히 서로의 내면을 이야기하는 대화를 이끌어 갔다. 그 결과, 지원 씨는 동료들과 더 깊이 연결될 수 있었고 대화 속에서 에너지를 회복할 수 있었다.

내향인 안의 외향성에 주목하기

"내향적인 사람도 리더가 될 수 있나요?"

"사람들 앞에 서서 이야기할 때 긴장 안 되세요?"

이런 질문은 내향적인 사람에 대한 편견이 깨질 때 나올 법한 말이다. 내향인과 외향인이 존재하는 것은 맞지만, 사실 모든 사람 안에는 내향성과 외향성이 공존한다. 마치 한 사람 안에 여성성과 남성성이 함께 있듯 내향적인 사람도 그 안에 외향적인 면을 가지고 있으며, 이는 중요한 자아의 일부분이다.

이분법적인 사고에서 벗어난다는 것은, 자아를 입체적으로 바라보기 시작한다는 뜻이다. 내향인이 본연의 성향을 지키면서도 그 안에 있는 외향성을 인식하고 활용할 때, 자신의 자아를 더욱 풍부하고 입체적으로 이해할 수 있다. 이는 내향인의 숨겨진 잠재력을 끌어올리는 중요한 과정이다. 내향적인 사람도 상황에 따라 외향적인 면을 발휘할 수 있고, 이를 통해 새로운 경험과 성취를 얻을 수 있기 때문이다.

내향적인 성향을 지키면서도 외향적인 성향을 활용하는 것은 한 사람이 자신의 여성성과 남성성을 모두 인정하며 조화를 이루는 것과 같다. 내향적인 사람이라도 그 안의 외향성을 인식하고 이를 적극적으로 활용할 때, 더 넓은 세상에서 자신을 표현하며 삶에 활기를 불어넣을 수 있다. 그리고, 당신의 네트워크는 이전보다 훨씬 확장되고 다양해질 것이다.

내향인은 자신의 내면에 깊이 몰두하는 성향을 지니고 있지만, 그 안에는 외향적인 면도 존재한다. 내향인은 종종 자신의 외향적 성향을 간과하고 억누르려는 경향이 있지만, 그 외향적인 면도 중요한 자아의 일부분이다. 내향인은 자신의 외향적 성향을 인식하고, 이를 적극적으로 활용할 때 더 많은 경험과 성취를 이룰 수 있다.

> 내향적인 미현 씨는 늘 조용히 혼자 시간을 보내는 것을 선호하는 편이다. 회사에서도 자신을 드러내지 않고 조용히 일하는 스타일이어서 동료들과 자주 소통하지는 않았다. 그러던 어느 날 우연히 합석하게 된 동료들과의 소규모 모임에서 이야기를 나누다 자신의 의견을 적극적으로 표현해 보았다. 외향적인 면을 발휘한 그녀는 더 많은 사람들과 소통하는 과정에서 성취감을 느끼고, 더 넓은 관점을 배울 수 있었다. 내향적인 미현 씨가 숨겨져 있던 외향성을 발견하고 이를 활용했을 때, 그녀의 성장은 더욱 다채로워졌다.

이처럼 외향성은 내향인에게도 중요한 역할을 한다. 내향인이 자신이 가진 외향적 특성을 발견하고 그것을 활용한다면, 보다 넓은 세계와 연결될 수 있고 자신의 내적 성장에도 긍정적인 영향을 미칠 수 있다.

내향성과 외향성의 조화를 찾는다는 것이 꼭 50대 50의 비율을 의미하지는 않는다. 양향형(내향, 외향이 반반인 유형)이 좋다는 말도, 그렇게 되도록 노력하라는 말도 아니다. 각 사람의 성향에 따라 그 비율은 1 대 9나 2 대 8처럼 다를 수 있으며, 중요한 것은 나만의 조화로움을 찾는 것이다. 이 조화는 외부의 기준이나 숫자에 얽매이는 것이 아니라, 스스로 "됐어!" 또는 "좋아!"라는 느낌을 얻는 것이 중요하다.

우리의 성향은 고정된 비율로 나뉘어 있지 않고, 상황에 따라 유연하게 조정될 수 있다. 외향적인 성향이 강하더라도 내향적인 시간이 필요할 수 있고, 반대로 내향적인 사람이 외향성을 발휘할 때 더 큰 성취를 느낄 수 있다. 다음 유진 씨와 현수 씨의 사례를 한번 살펴보자.

> 유진 씨는 외향적인 성향이 강해 활발한 사람들과의 만남, 다양한 활동에서 주로 에너지를 얻는 사람이었다. 그녀는 매주 사람들과의 약속이 빼곡히 잡혀 있었고, 거의 매일 퇴근 후에도 친구나 동료와 모임을 가지며 바깥 활동을 즐겼다. 그런데 어느 날,

유진 씨는 문득 자신이 너무 지쳐 가고 있음을 느꼈다. 아무리 좋아하던 활동이라도 끝날 때마다 피로감이 몰려오고, 정신적 소진이 누적되는 느낌이었다. 그러던 중, 유진 씨는 자신에게도 '내면의 휴식'이 필요하다는 것을 깨달았다.

그래서 그녀는 일주일에 하루 정도는 모든 일정을 비워 두고 오로지 자신만을 위한 시간을 보내기로 했다. 이날은 친구와의 약속도, 특별한 외부 활동도 없이 오롯이 혼자 시간을 보내며, 조용히 내면의 목소리에 집중하는 날로 정했다. 처음에는 익숙하지 않았지만, 조용한 카페에서 책을 읽거나 공원에서 혼자 산책을 하며 느리게 흘러가는 시간을 경험한 후, 그녀는 마음속 깊은 곳에서부터 차오르는 편안함을 느꼈다. 이 시간을 통해 유진 씨는 내면의 에너지가 다시 충전되는 느낌을 받았고, 그 다음날 사람들과의 만남에서도 훨씬 더 활기차고 즐겁게 대화할 수 있었다. 유진 씨는 이 '혼자만의 시간'이 오히려 외향적 활동에서도 더 큰 활력을 주는 원천임을 깨달았다.

반면 현수 씨는 내향적인 성향으로, 소규모 모임이나 팀 활동에서도 조용히 참여하는 편이었다. 늘 혼자 생각하는 시간을 좋아했고, 사람들과의 상호작용보다는 자신의 내면에 집중하는 시간이 편했다. 그러던 어느 날, 현수 씨는 회사에서 중요한 프로젝트를 맡게 되었고, 팀원들과의 협력이 필수적이었다. 평소라면 뒤로 물러나 조용히 의견을 듣기만 했겠지만, 이번에는 조금 다른 모습을 보이기로 결심했다. '이번 프로젝트에서는 나도 의견을 내고, 사람들과 적극적으로 교류해 보자'라고 스스로 다짐한 것이다.

처음에는 조심스러웠지만, 용기를 내어 회의에서 자신의 의견을 적극적으로 피력하고 팀원들에게 질문도 던져 보았다. 그는 팀원들의 피드백을 듣고 서로 아이디어를 주고받는 과정에서 새로운 자극과 에너지를 느꼈다. 회의 후에는 다른 팀원들과 점심을 먹으며 사적인 대화도 나누었는데, 뜻밖에도 이 시간을 통해 현수 씨는 대화에서 에너지를 얻는 자신을 발견했다. 그는 늘 혼자 있을 때만 충전된다고 믿었지만, 내향성을 유지하면서도 외향적으로 교류하는 새로운 방식으로 에너지를 충전할 수 있음을 깨달았다.

두 사람의 사례는 서로 다른 성향을 지닌 사람들이 어떻게 자신의 성향을 유지하면서도 반대 성향의 장점을 수용해 균형을 이루었는지 보여준다. 유진 씨는 내면을 돌보는 시간을 통해 외향적 활동에서 더욱 활기차게 임할 수 있었고, 현수 씨는 내향적 성향을 바탕으로 외향적 활동에서도 새로운 활력을 느끼며 자신을 확장해 갔다. 이를 통해, 내향성과 외향성 중 어느 하나를 꼭 정하지 않고, 자신에게 맞는 균형을 찾아 조화롭게 활용할 때 진정으로 충만한 삶을 살아갈 수 있음을 보여 준다.

내향성과 외향성의 조화는 어떤 고정된 비율로 측정될 필요가 없다. 중요한 것은 그 비율이 내 마음에 드는지 여부다. "됐어!", "좋아!"라고 느끼는 순간이 바로 나에게 적절한 조화로움이 형성된 순간이다. 이 조화는 외부에서 정해 주는 것이 아니라, 나 스스로에게서 오는 만족감과 내면의 확신이다.

내향적인 사람이든 외향적인 사람이든, 각자가 자신의 비율을 찾아가는 과정에서 중요한 것은 자신이 만족하는 균형을 찾는 것이다. 그 비율이 어떠하든, 그것이 나에게 편안함과 확신을 준다면 그 순간이 바로 진정한 조화다.

마지막으로 현수 씨의 사례에서 내향과 외향의 균형을 어떻게 조화롭게 맞출 수 있는지 살펴보자.

> 현수 씨는 대학 시절 내향적인 성향이 뚜렷한 사람이었다. 그는 친구들과의 모임보다는 도서관에서 조용히 공부하거나 혼자 산책하며 생각에 잠기는 시간을 더 좋아했다. 친구들이 활발히 어울리는 자리를 피하지는 않았지만, 그에게는 그런 자리가 에너지를 채우는 시간이라기보다는 소진하는 시간처럼 느껴졌다. 이 때문에 늘 내향적인 성향에 맞춘 생활을 해왔고, 자신에게는 혼자만의 시간이 필수적이라는 것을 자연스럽게 받아들

이고 있었다.

그러나 직장 생활을 시작하면서, 현수 씨는 조금씩 변화를 느끼기 시작했다. 그는 팀 프로젝트나 회의에서 의견을 나누고 사람들과 협력하는 과정에서 예기치 못한 활력을 얻기도 했다. 동료들과 아이디어를 주고받고, 가끔씩 모임에 참여하면서 성취감을 느꼈다. 한편으로는 내향적인 성향이 강했던 자신이 이렇게 외향적 활동에서도 보람을 느끼는 것에 스스로도 놀랐다. 그러나 여전히, 한 주 동안 외부 활동에 몰두하다 보면 금세 피로감이 밀려왔고, 혼자만의 시간도 꼭 필요하다고 느꼈다.

이에 현수 씨는 내향성과 외향성 사이에서 균형을 찾기 위해 나름의 실험을 해 보기로 했다. 그는 외향적인 활동을 늘려가면서도, 스스로 에너지가 소진되지 않도록 조절해 보려 했다. 예를 들어, 한 주의 외향적인 활동을 다섯 번 이상으로 늘려보기도 했고, 반대로 거의 모든 외부 모임을 줄이고 내향적 활동에 몰두해 보기도 했다. 그러나 너무 많은 외향적 활동을 할 때는 금세 지쳐버렸고, 반대로 외부와의 교류가 적어지면 자신이 점점 고립되는 느낌을 받았다. 그 사이에서 자신에게 가장 맞는 균형점을 찾으려 노력한 결과, 그는 일주일 중 3일 정도만 외향적 활동에 참여하고 나머지 4일은 혼자만의 시간을 가지는 비율을 가장 이상적으로 느끼게 되었다.

현수 씨는 자신이 진정으로 편안함을 느끼는 비율이 7 대 3이라는 사실을 발견했다. 이 비율을 유지하며 삶을 살아가자, 그는 일상의 균형 속에서 깊은 만족감을 느꼈다. 친구나 동료와 함께하는 시간에도 마음껏 즐길 수 있었고, 혼자만의 시간에도 충분히 충전될 수 있었다. "됐어! 이 정도면 딱 좋아!"라는 확신이 들면서 그는 자신의 내향성과 외향성을 자연스럽게 조화시키는 법을 터득하게 되었다. 이제 현수 씨는 내향성과 외향성을 어느 한쪽에 맞추려 억지로 노력하기보다는, 그 두 가지를 자신에게 맞는 비율로 융합하여 삶을 더 풍요롭게 즐기고 있다.

외향성과 내향성의 조화는 정해진 비율이 아니다. 각자가 자신의 성향을 이해하고, 내가 내 마음에 드는지 여부로 판단해야 한다. 외향인도 내향적인 면을 발견하고 그와 손을 잡으며, 내향인도 자신의 외향성을 활용하여 더 많은 경험과 성취를 누릴 수 있다. 중요한 것은 그 비율이 내가 스스로 만족할 수 있는 균형을 이루는지, "이런 내가 참 좋다!"라는 확신을 줄 수 있는지다.

균형 있는 삶을 유지하는 것도 내향인에게 중요한 과제다. 조화로운 삶은 내향인의 내적 안정과 외적 성장을 함께 이루는 중요한 열쇠다. 내향인은 깊은 사고와 자기 성찰에 집중하는 특성상 때때로 일과 삶의 균형을 놓치기 쉽다. 이를 위해 '자기 돌봄'과 '자기 관리'를 생활에 통합하는 것이 필요하다. 내향인은 자신의 에너지를 효율적으로 관리하고, 충분한 휴식과 여가 시간을 통해 감정적 에너지를 회복할 필요가 있다. 예를 들어, 지후 씨는 직장에서의 과중한 업무로 인해 번아웃의 위기를 겪었으나, 일과 휴식의 균형을 맞추기 위해 매일 저녁 산책을 하며 자기 돌봄의 시간을 가졌다. 이러한 균형 잡힌 접근은 그가 지속 가능한 방식으로 업무에 집중할 수 있도록 도와주었다.

내향인의 감정적 영토는 '조화'를 중심으로 그들이 지닌 고유한 강점을 더욱 빛나게 한다. 감정적 성장은 내향인이 가진 깊이 있는 사고력, 예리한 관찰력, 그리고 타인에 대한 공감력을 키우는 비옥한 땅이며, 조화로운 삶을 추구하는 과정에서 필수적인 요소다. 이러한 감정적 성장은 내향인으로 하여금 내면의 균형과 조화를 유지하게 하며, '조화'라는 키워드를 통해 내적 평온함과 안정감을 느끼게 하고, 타인과 깊은 연결을 가능하게 한다.

혹시 '내가 진짜 내향인이 맞나?' 하고 여전히 의구심이 들 수도 있다. 내향인이라는 증거는 자신이 느끼는 감정의 깊이와 타인과의 관계에서 진정성을 중시하는 태도에서 드러난다. 내향인은 외부 자극보다 내면의 세계에 집중하며, 감정적으로 풍부한 내적 여정을 즐기는 사람들이다. 내향인을 위한 감정 연습은 삶의 질을 높이고, 마음과 일상의 균형을 유지하는 데 중요한 역할을 한다. 이 목록들을 수시로 살피면서, 오늘 나에게 필요한 감정에 주목하기를 바란다.

> 필수 감정 키워드 체크리스트

❶ 나는 자신과 타인을 신뢰하며 깊이 있는 관계를 형성하고 있는가?

❷ 내면의 불안과 두려움을 극복하고 타인과의 연결을 시도할 용기가 있는가?

❸ 일상에서 스트레스 수준을 낮추고 내면의 평화를 유지하고 있는가?

❹ 내적 균형을 유지하며 외부와의 관계에서도 조화를 이루고 있는가?

❺ 나 자신과 상황을 있는 그대로 수용하며 성장의 발판으로 삼고 있는가?

❻ 행동을 촉진하고 미루기를 극복하기 위한 동기를 느끼고 있는가?

❼ 작은 성취에서 오는 희열을 느끼며 더 큰 목표를 향해 나아가고 있는가?

❽ 나의 불완전함에 자기 연민을 느끼며 성장하고 있는가?

❾ 새로운 지식을 탐구하며 사고를 확장하려는 호기심이 있는가?

❿ 세상과 사람들에 대한 경이감을 느끼며 깊이 관찰하고 있는가?

⓫ 감정적 번아웃을 방지하고 재충전할 시간을 가지며 회복하고 있는가?

⓬ 외부 평가에 흔들리지 않고 자신의 가치를 지키며 존중하고 있는가?

⓭ 현재의 삶에 감사하며 충만함을 느끼고 있는가?

> 감정의 성장을 위한 13가지 질문

❶ 최근에 내가 타인에게 신뢰를 표현한 순간은 언제였는가? 그 신뢰가 관계에 어떤 긍정적인 변화를 가져왔는가?

❷ 최근에 내가 불안이나 두려움을 극복하고 도전한 상황은 어떤 것이었는가? 그때 용기를 발휘한 결과 어떤 변화가 생겼는가?

❸ 내가 평온함을 느끼기 위해 가장 자주 사용하는 방법은 무엇인가? 그 방법을 어떻게 더 자주 활용할 수 있을까?

❹ 내적 균형을 유지하기 위해 내가 할 수 있는 일 중 가장 중요한 것은 무엇인가? 외부와의 연결에서 조화를 이루기 위해 무엇을 더 실천할 수 있을까?

❺ 나는 현재 나 자신과 내 상황을 얼마나 수용하고 있는가? 받아들이기 힘든 부분이 있다면 그 이유는 무엇일까?

❻ 최근에 나는 어떤 일에 동기를 느꼈고, 그 동기는 나의 목표 달성에 어떻게 도움이 되었는가?

❼ 일상 속 어떤 순간에서 기쁨을 느끼는가? 그 기쁨을 더 자주 경험하기 위해 내가 할 수 있는 작은 변화는 무엇일까?

❽ 실수를 했을 때, 나는 자신에게 얼마나 너그러울 수 있는가? 나 자신을 더 잘 돌보기 위해 어떤 방법을 실천할 수 있을까?

❾ 최근에 새롭게 흥미를 느낀 주제나 관심사는 무엇이었는가? 그 호기심

을 더 깊이 탐구하기 위해 어떤 첫걸음을 내디딜 수 있을까?

⑩ 나는 일상에서 작은 것에 경이로움을 느끼는 순간이 있는가? 그 순간들을 더 자주 경험하기 위해 내가 주목해야 할 부분은 무엇인가?

⑪ 나는 번아웃을 피하기 위해 어떤 휴식 방법을 사용하고 있는가? 더 자주 재충전하는 방법은 무엇일까?

⑫ 나는 어떻게 외부의 평가에 흔들리지 않고 내 가치를 지켜 나가고 있는가? 내가 스스로를 존중하기 위해 매일 할 수 있는 작은 행동은 무엇일까?

⑬ 나는 현재의 삶에서 감사할 수 있는 순간들을 얼마나 자주 인식하고 있는가? 감사의 마음을 더 자주 느끼기 위해 매일 나는 어떤 연습을 할 수 있을까?

Appendix

> 더 알아 두면 좋은
> 내향인 관련 용어

◆ **HSP** Highly Sensitive Person

감각적 자극에 매우 민감하며, 환경의 변화나 다른 사람의 감정에 강하게 반응하는 사람을 일컫는다. HSP는 깊이 있는 공감 능력을 갖추고 있으며, 세심한 주의가 필요하다.

◆ **히키코모리** Hikikomori

일본어로 '집에 틀어박힌다'라는 의미로, 사회와의 접촉을 거의 완전히 단절하고 집 안에서만 생활하는 사람들을 지칭한다. 히키코모리 현상은 주로 청소년과 젊은 성인들 사이에서 나타나며, 이들은 학교, 직장, 사회생활에서 벗어나 집 안에서만 시간을 보낸다. 이 상태는 몇 개월에서 몇 년까지 지속될 수 있으며 사회적 불안, 우울증, 대인 기피증 등과 관련이 있다.

히키코모리는 단순히 혼자 있는 것을 좋아하는 내향성과는 차이가 있다. 이들은 사회적 실패나 압박, 심리적 불안 등 다양한 요인으로 인해 외부 세계와의 접촉을 완전히 단절하고, 자신만의 공간에 고립되는 경우가 많다.

◆ 코쿤 스타일 Cocoon Style

히키코모리와 유사하지만, 조금 더 일상적인 수준에서 사회적 고립을 선택하는 사람들을 의미한다. '코쿤cocoon'이라는 단어는 누에가 자신을 보호하기 위해 만든 '누에고치'를 의미하며, 이 스타일을 가진 사람들은 사회적 관계나 활동보다는 자신만의 안전한 공간에서 보호받기를 원한다.

코쿤 스타일을 가진 사람들은 외부 세계와의 상호작용을 최소화하며, 집이나 개인적인 공간에서 대부분의 시간을 보낸다. 이들은 종종 집에서 취미 생활을 즐기거나, 인터넷과 같은 비대면 방식을 통해 외부 세계와의 연결을 유지한다.

◆ 아싸

'아웃사이더outsider'의 줄임말로, 사회적 모임이나 사람들과 어울리기보다는 혼자 있는 것을 선호하거나, 특정 집단이나 무리에 속하지 않는 사람을 뜻한다. '아싸'는 주로 내향적인 성향이 강한 사람들을 지칭하며, 한국의 인터넷 커뮤니티에서 자주 사용되는 신조어로 자리 잡았다. 이들은 혼자 있는 시간을 통해 에너지를 충전하고, 개인적인 활동이나 취미 생활을 즐기는 경향이 강하다. 혼자 보내는 시간에서 편안함과 안정감을 느끼기 때문에, 불필요한 모임에 참석하거나 여러 사람들과 교류하는 것을 선호하지 않는다. 특정 집단에 소속되기보다는 독립적인 위치에 머물기를 좋아하며, 무리에 속해 있지 않아도 자신만의 속도와 방식으로 생활할 수 있는 자유를 중시한다.

그렇다고 해서 모든 관계를 피하는 것은 아니다. '아싸'는 오히려 깊이 있는 관계를 소수의 사람과 맺기를 선호하며, 이러한 관계에서 진정한 친밀감을 느낀다. 넓고 피상적인 관계보다는, 몇몇 신뢰할 수 있는 사람들과 의미 있는 대화를 나누며 유대감을 쌓는 것을 중요하게 여긴다. 다만, 외향적 활동이나 다수와의 교류에서 에너지를 소모하며 피로감을 쉽게 느끼기 때문에, 많은 사람과의 사교적 모임에서는 오히려 스트레스를 받을 때도 많다.

'아싸'는 자신만의 세계와 관심사에 깊이 몰두하는 경향이 있어, 혼자 있어도 지루함을 느끼기보다는 만족감을 느낀다. 이들은 특정 취미나 관심사에 집중함으로써 혼자만의 시간을 더욱 풍요롭게 만들고, 이를 통해 자신의 에너지를 충전한다. 이러한 성향 때문에 최근에는 '아싸'라는 표현이 단순히 내향적인 사람을 지칭하는 것을 넘어, 독립적이고 자신만의 길을 걸어가는 사람들을 표현하는 용어로도 사용되고 있다.

◆ 딥 토커 Deep Talker

피상적인 대화보다 깊이 있고 의미 있는 주제를 선호하는 사람을 말한다. 삶의 의미, 철학적 질문, 감정이나 인간관계와 같은 주제에 몰두하며, 대화를 통해 상대와 진정성 있게 연결되기를 원한다. 인생의 경험과 가치관을 나누는 것을 통해 큰 만족감을 느끼는 성향이 강하다. 하위 그룹으로 MBTI 유형에서 '인프피(INFP)', '인팁(INTP)'으로 나눌 수 있다.

'인프피'는 내향적(I), 직관적(N), 감정적(F), 개방적 인식(P) 성향을 지닌 MBTI 유형이다. 감수성이 예민하고 공감 능력이 뛰어나며, 깊이 있는 관계와 내적 성찰을 중시한다. '인프피'는 의미 있는 대화와 감정을 나누는 것을 선호하고, 상대방의 감정을 이해하며 조화로운 관계를 중요하게 여긴다. 이들은 "최근에 가장 행복했던 순간이 언제인가요?"와 같은 감정적인 질문을 통해 상대방의 내면을 이해하고 싶어 한다.

'인팁'은 내향적(I), 직관적(N), 사고적(T), 개방적 인식(P) 성향을 지닌 MBTI 유형이다. 논리적 사고와 지적 탐구를 중시하며, 개념적인 문제를 다루는 것을 좋아한다. '인팁'은 논리적이고 분석적인 대화를 선호하고, 철학적이고 추상적인 주제에서 지적 자극을 얻으며 객관적 논리를 중시한다. 이들은 "인간의 의식이란 무엇일까요?"와 같은 질문을 던지며 논리적 사고와 개념 탐구에 관심을 기울인다.

◆ **디지털 노마드** Digital Nomad

물리적인 사무실에 얽매이지 않고, 노트북이나 디지털 장비로 어디서든 일할 수 있는 사람. 디지털 노마드는 조용하고 독립적인 환경에서 집중할 수 있는 삶의 방식을 선호하며, 내향적인 성향을 가진 사람에게 적합하다. 이들은 불필요한 사회적 피로감을 줄이고 자유롭게 일하는 데 가치를 둔다.

◆ **미니멀리스트** Minimalist

물질적 소유를 줄이고 단순한 생활을 추구하는 사람. 본질적인 가치에 집중하는 삶을 중시하며, 단순하고 깔끔한 환경에서 심리적 안정감을 찾는다. 내향적인 미니멀리스트는 불필요한 물건과 정보를 줄이고, 심리적 여유를 확보하는 것을 중요하게 여긴다.

◆ **프라이버시 프리퍼** Privacy Prefer

사생활과 독립적인 공간을 중시하는 성향의 사람. 타인과 일정한 거리를 유지하고 혼자만의 시간을 통해 에너지를 충전하는 것을 선호하며, 내향적인 사람들에게 특히 강하게 나타난다. 프라

이버시 프리퍼는 혼자만의 공간에서 심리적 안정을 찾고 내적 성장을 도모하는 것을 중요하게 여긴다.

◆ **스몰 서클** Small Circle

스몰 서클을 선호하는 사람은 소수의 깊이 있는 인간관계를 선호하는 성향이 강하다. 이들은 많은 사람들과의 관계보다는 몇몇 신뢰할 수 있는 사람과의 깊이 있는 유대 속에서 안정감을 찾는다. 관계에서 오는 피로감을 줄이며 진정성 있는 관계를 형성하는 데 중점을 둔다.

◆ **앰비버트** Ambivert

내향성과 외향성을 모두 지닌 사람. 상황에 따라 유연하게 내향적 혹은 외향적으로 행동할 수 있는 성향이며, 사교적이면서도 필요할 때 혼자만의 시간을 통해 에너지를 재충전한다. 감정적 대화와 논리적 대화 모두에 잘 적응하며, 균형 잡힌 대화 방식을 지향한다.

◆ **그라운더** Grounder

안정적이고 현실적인 성향의 사람. 환경이 변할 때도 내적 평정을 유지하며, 차분하고 일관된 활동 속에서 심리적 안정을 찾는 성향이 강하다. 내향적인 그라운더는 명상이나 산책 같은 활동을 통해 자신을 지키고 내면의 평화를 추구한다.

조용하지만 강한 사람들

초판 1쇄 인쇄	2025년 9월 11일
초판 1쇄 발행	2025년 9월 18일

지은이	성유미
기획	김하나리
책임편집	최안나
디자인	studio Ain
책임마케팅	최혜령, 박지수, 도우리, 양지환
마케팅	콘텐츠IP사업본부
해외사업	한승빈, 박고은
경영지원	백선희, 권영환, 이기경, 최민선, 강아현
제작	재영P&B
펴낸이	서현동
펴낸곳	㈜오팬하우스
출판등록	2024년 5월 16일 제2024-000141호
주소	서울특별시 강남구 테헤란로 419, 11층 (삼성동, 강남파이낸스플라자)
이메일	info@ofh.co.kr

ⓒ 성유미 2025

ISBN   979-11-94979-50-0 03180

- 큰숲은 ㈜오팬하우스의 출판브랜드입니다.
- 이 책은 저작권법에 따라 보호받는 저작물이므로 무단전재와 무단복제를 금지하며, 이 책 내용의 전부 또는 일부를 이용하려면 반드시 저작권자와 ㈜오팬하우스의 서면동의를 받아야 합니다.
- 책값은 뒤표지에 표시되어 있습니다.
- 잘못된 책은 구입하신 서점에서 바꿔드립니다.